大夏书系·教育艺术

教 师
临场应对
实用技巧

董一菲——主编

华东师范大学出版社

全国百佳图书出版单位

编　　委

主　　编：董一菲

执行主编：车　坤　马于玲　李　萍

副 主 编：孙奇峰　丁克松　潘志龙　陆　晶　公维玮

　　　　　刘　岩　张远超

编写人员（排名不分先后）：

郑宏瑞	谭付波	王建红	张肖侠	刘　亚	崔兆云	张杰波
袁利平	彭新颖	任淑娥	颜　艳	付　超	杨萍萍	由春秋
车　坤	丁克松	潘志龙	马于玲	公维玮	陆　晶	张显辉
张远超	刘　岩	张彬彬	邹俊乔	于文卓	范　杰	郭天明
叶婷婷	贾立双	衡中华	刘士友	刘洪涛	陈　平	刘雪芬
曹　丽	刘玉芳	张春艳	李兴艳	崔卫东	张艳艳	汤利萍
王翠翠	田　玲	康雯雯	李秋菊	涂　荣	赵小越	孙　博
袁　扬	高洪生	付艳文	靳海彦	尹微微	孔　然	张桂云
杨霄云	龙　潇	栾　燕	张艳霄	樊玉仙	张佳乐	黎　薇
吴小清	周　政	丁　涛	张　娟	孟庆新	李胜红	毕云涛

目 录

Contents

第一章 课堂教学管理

第二章　情感心理疏导

第三章　学习问题辅导

第四章 行为问题指导

第五章　人际交往引导

第一章
课堂教学管理

当课堂上学生看言情小说，怎么办？

一花一世界，一心一风景。为师者，闻学生之言、观学生之形、品学生之态，可窥万千风景。待教师逐渐走入学生世界深处，便看到景物层次渐增。教师于其中赏景，也应懂得读情。若是发现学生"情变"，当如何做？我将以"诗意浸润"之美，唤醒其内心的审美意识。

情景再现

一天课前，我带学生积累关于爱情的古诗词。当背到"金风玉露一相逢，便胜却人间无数"时，忽然听到一个女生发笑。我寻声望去，却发现她头也没抬，神情似乎很专注，然而绝不是被我讲的内容吸引。我轻轻地走到她身旁，发现了那个使她浑然忘我而痴然入境的"罪魁祸首"——言情小说。

此时，教室里十分安静，我知道学生正等待我在沉默中"爆发"或者在沉默中"无视"。那名女生也早已反应过来，手足无措地站了起来。我暗自沉吟：这名女生平日便十分迷恋言情小说，常常以此为乐，"沉醉不知归路"。若我此次大发雷霆，自可发一时之威，生一时之慑，然而收效定然甚微。或许她今后还会将此事转为"地下"，极尽与教师"周旋"之能事。怎么办？我回头看了眼黑板，忽然有了主意。对，借诗词之力，用浸润之法，移女生之情，当为上策。

临场应对

我微笑着问那名女生："你愿意为大家有感情地背一下这首词吗？"女生诧异地抬头，一时有些反应不过来。我继续说："这是首经典的爱情诗词。爱情不仅体现在现代小说中，它还栖息在那些古典的诗词中。爱情在秦观的笔下是什么样子呢？请你用真诚的声音帮助大家体会爱情的美。"

那名女生感激地看了我一眼，认真地背起来，教室里回荡着她深情的诵读声。然后，我继续让全班同学背诵关于爱情的古诗词，如元稹的"曾经沧海难为水，除却巫山不是云"，李商隐的"春蚕到死丝方尽，蜡炬成灰泪始干"，《诗经》中的"死生契阔，与子成说。执子之手，与子偕老"，白居易的"在天愿作比翼鸟，在地愿为连理枝"等。我特意观察了那位女生的表情，发现她神情肃然而有悠然神往之意。于是，我顺势小结："同样是爱情，经过诗意的浸润，它会更加唯美而深刻。当我们爱上古典诗词，就会寻到最美的感情，也会拥有最美的自己。"看到那名女生微笑点头，我备感欣慰，至少，我在她的心里播下了诗意的种子，用古典诗词之美浸润了她的心灵，让她心中的审美意识一点点被唤醒，逐渐远离那些言情小说。

技巧点拨

此案例我采用的技巧是诗意浸润法。此法指以诗词魅力激发学生的热情，提高学生的审美追求，提升学生的思想境界，使诗词之美浸润人心。"浸润"二字要求教师在课堂上寻找适宜的机会，慢慢地对学生进行熏陶，使学生在情感上获得新的体味，在思想上获得新的领悟，从而启迪心灵、丰盈精神。

此方法体现了循序渐进的原则，通过教师层层深入的引导，使学生不断走进诗词的深处，接受情感的洗礼，从而达到良好的教育效果。

运用此法要注意，应针对学生当下的心理状况，结合实际的教学内容有的放矢，不能生搬硬套、牵强附会。

拓展迁移

诗意浸润法适用于课前积累，帮助学生感受古典文化的魅力，还可用于课堂导入环节，创设情境。在分析、拓展环节中，也可根据实际内容采用此法，激活学生的思维。

一日，我讲苏轼的《定风波》，讲到"回首向来萧瑟处，归去，也无风雨也无晴"时，一个学生提出问题："词中的'归去'与《水调歌头》

中的'我欲乘风归去'中的'归去'，所指的地方相同吗？"我不禁一愣，历来讲到这首词，学生的关注点一般都在"也无风雨也无晴"上，很少有人在"归去"上做文章。如何让学生自己领悟"归去"之境？我灵机一动，诗意浸润法可行。于是，我带领学生温习了几首与苏轼人生追求有关的诗词，如"小舟从此逝，江海寄余生""噫！归去来兮。我今忘我兼忘世""拣尽寒枝不肯栖，寂寞沙洲冷"等。学生在反复诵读中，感悟到东坡心之所向、情之所系及梦之所归分别与儒释道相关，这是一个在尘世的寒冷中，依然寻找温暖的以儒家为宗的孤独的词人，是一个在多舛的人生之路上以道家、释家安慰心灵的浪漫而超脱的词人，他"归去"，归的是他的人间之家、精神之家。学生在诗意浸润中，与东坡先生进行了一次深度的"对话"，课堂竟由此而开掘出一种美好的境界。

教育感悟

中国古典文化向来具有极大的审美功能和育人功能，语文课堂如果把古诗词作为教学与管理的切入点，其独具的文化魅力定将带给师生巨大的惊喜，带给课堂别样的风景。诗意浸润法便是传承古典文化的极好的技法，然而，此法的运用要求教师具备扎实的基本功，并在平日里阅读大量的古典文化作品，丰厚自己的学养和底蕴，并能够在理解的基础上思考诗词中蕴含的独特的育人作用和多元的教学目标。如此，教师方能在课堂上做到熟稔于心、游刃有余，方能带给学生诗意的熏陶和思维的训练。

学生在课堂上以诗词为点，思想为线，让二者共舞，将勾勒出怎样动人的图景呢？作为教师，我们给予学生的深入灵魂的诗意浸润，就是这幅画卷最美的底色！

云南省曲靖市麒麟区第一中学　谭付波

当学生一被提问就结巴，怎么办？

每每迈上三尺讲台，看着满溢青春朝气的笑颜，不禁感叹：这就是"教师"职业的魅力。课堂上最精彩的，当属与鲜活生命迸发出的各种小火花。

每节课我们都会充分地准备、精心地设计，期待课堂上的完美呈现。可是设计再精心，预想再周全，课堂上还是会出现各种"意料之外"。

这时，更能体现老师的应变智慧。

情景再现

一日，常规提问环节，点到王文时，只见这小女孩，瞬间张大嘴，半低着头，怯怯地看了我一眼，慢腾腾地站起来，脸转向窗外，声音极小地背诵着："独……独……独立寒秋……"

听着这磕磕巴巴的背诵，我的火气"腾"地一下就上来了，心想：新高一这才开始，第一句都不能顺畅背下来，何谈全文！之后的那些内容怎么完成！语文本就是靠积累提高的，这学习态度哪行呀！

正欲批评，却见这孩子仍磕磕绊绊地背着，细看，右手还握着笔，在纸上不停地写着，像是在写背诵的内容……

临场应对

细思量，这孩子应该会背呀，难道有"发言恐惧症"？记得她作业本上的字写得不错，那不妨换个方式考查。于是，我温和地说："王文，让你发言是不是紧张呀？"只见那孩子头点得跟捣蒜似的。"正好我一会儿讲课需要原文，你发挥一下卷面优势，到黑板上默写吧！"这孩子一听，那表情像是卸下了千斤重担，长舒一口气，快步到黑板前写了起来。那呈现着实让我心里一惊，娟秀的正楷，准确的内容，庆幸多了些观察，没有草率批评，否则不仅错过这孩子的美好，也会让她更惧怕发言。

今天是个机会，再做些什么，帮帮这孩子吧！于是，我面带微笑地说："是不是我提问时太严肃，把她吓着了呢？"全体点头。我接着说："王文写得这么准确漂亮，背诵这关算是过了，但是我没听过她流畅的声音，咱们一起听她读一遍，好不？"学生们听出我的用意，都向王文投去了善意、鼓励的目光。

下课后，王文给我讲了自己的"历史"。原来小学时有一次课堂上发言，同学哄笑，笑她的声音不好听，笑她的答案不靠谱，从此以后，只要一想到发言，她都会否定自己：我的声音不好听，我答不对，等等。以至于发展到，一想到课堂上会被老师叫，她都紧张到呼吸困难。

于是，我常常创造机会让她发言。

现在的她，眼神中多了份自信，每节课都会寻找机会主动发言了！

⌄ 技巧点拨

此案例，运用的是期待效应法。课堂上，当你信任孩子，他们会更有自信，在尝试、失败、自我完善中，缔造属于他们自己的人生。

佐藤学先生称：与其说，我要观察课堂中发生了什么，不如说，我要将课堂中发生的一切都吸纳于心。观察课堂与分析课堂，最为本质的意义就是：珍视与每一个生命的相遇，并努力创造与每个生命共通的心缘。

这一年，我做得更多的就是循循善诱，从旁鼓励和引导，关注、倾听、激励她，有的时候亲切一点，再亲切一点，平等一点，再平等一点，甚至是仰望一点。不给她随便否定自己的机会，而是渐渐地让她相信自己很好，而且还可以更棒！

我相信生命的力量。心理学中有一种"期待效应"：在深情的凝视中，孩子们会奇迹般地拔节生长。一个鼓励的眼神，一句温和的点拨，好似一阵春风、一场细雨，让怯懦的孩子眼中闪烁自信的光芒。

⌄ 拓展迁移

其实我们身边不自信、轻易地否定自我、放弃挑战的孩子有很多，他们都需要被注意、被鼓励、被引导、被认可。不是每个孩子都能成为"舞台"中央那颗最耀眼的星，但我们要尽力帮助孩子成为"舞台"上最自信、最独一无二的那一颗。

军歌比赛在即，我们的大合唱已经练习得很好了，但高中紧张的学习生活中难得遇到大型活动，我想让同学们多些锻炼。于是我和孩子们商量："两首歌开嗓之前，我们加几句属于七班的宣言吧！"全员赞同。于是探讨商定出和歌曲契合并能体现七班精神的内容，这些文字代表着孩子们的心声，其中的信心、霸气，是最希望他们具备的。

词定妥，接下来商量："如何呈现呢？"一致决定：领诵和齐诵。

"由谁领诵？"问题一抛出，全员低头，这也是预料中的。他们头脑中迸出的第一念头是"我一定不行"，很自然地否定自我，没有抛头露面的自信。

而现实中的他们是有很大可塑性的。于是我们安排了一个仿真赛场，全员锻炼，循循善诱中，鼓励"煽动"下，每个同学展示了一次"超越自我"的声音，大多数孩子都能声音洪亮，情感饱满，最适合的"勇士之声"也被我们选拔出来了！表演时我班一气呵成，宣言响亮，军歌嘹亮。

赛后，当选的同学，很激动地奔向我："老师，您可知道，这是我人生的第一次啊！我一直认为自己不够好，从来没尝试争取过！老师，老师，要不是您鼓励，我都不知道自己能做到！"

⌄⌄ 教育感悟

苏霍姆林斯基说："要在每一个人身上发现那独一无二的创造性劳动源泉，帮助每个人打开眼界看到自己身上人类自豪感的火花，从而成为一个精神上坚强的人，每天抬起头，挺着胸膛走路的人！"

我相信学生的发展有无限可能，教育对他们的影响最大。我们要做的，就是充满期待，循循善诱，唤醒学生内心的力量，助他们成为独一无二的优秀个体！

辽宁本溪市第二高级中学　公维玮

当学生状态出现"凝滞",怎么办?

　　学生学习过程中遇到问题,教师替代他们去解决是不可行的,而要相机引导,守望守护,适时递上双手,帮助学生走过心理的沼泽,引他们到明亮的地方,这才是教育的价值,也是教育的难点。教育之难,难在促成学生内心力量的主动生成。

情景再现

　　那是中考前班里一次适应性训练测试,我看到一个孩子前面的题答得迅速而准确,他开始写作文,很好!但是,十分钟、二十分钟、半小时过去了,他凝坐在座位上,如入定的禅师,寂然无动。怎么回事?这是一个品行、学习皆翘楚的学生,文笔颇佳,他最近的状态也不像是消极应付。想到这个孩子一贯要做就要做到完美的个性,我想,孩子一定是太想做"好",自设的压力太大,以致失去了应有的水准。

　　理解了孩子陷入"凝滞"状态的原因,我忽地一阵心疼,应试教育下学习中的压力是孩子成长必然承受之重,如何教会孩子"戴着镣铐"也能"舞出精彩"?为师者,应该成为烛照孩子心灵暗夜的亮光,我打算利用这个教学契机,帮他筑一级台阶,让他顺利过"坎"!

临场应对

　　我要做的是给予孩子支持与认同,让他感受到老师看到了他的不易与努力,他的情绪是被理解的,卸掉其心理重负,使其意识到面临的一切压根不是问题,也许是太看重自己,才放大"暗点",但"凝滞"何尝不是"成长节点"?——如蛹在茧中撕咬,正是在积攒力量,迎接蜕变后轻舞的美丽。这不是倒退,而是在向着更高阶层突破自己。此刻,思维的"触手"如果已伸到那绝美之境,是在提醒你时机已到;如果还未到达,也要学会等一等，拐个弯，再前行。然后给予孩子"技巧"上的点拨，提醒他可以在剩下的时间里，写一篇"次优"作文，或将之前习作稍加修改变动。如果他想突破，写出心中最佳，我愿意等待，给他延迟交的"特权"；他写不下去作文"白卷"，以此刺激自己生长也可以，但绝构不成失败，我甚至可以织一个"美丽谎言"，先"预支"一个分数给他。这次的"凝滞"不会是休止！

我悄悄来到孩子旁边，微笑着轻抚他，轻语："作文为难啦？先试试。没关系的。"说完我就悄悄离开了。几分钟后，孩子依然未动笔，我又悄悄递上自己备好的小纸条，把我的看法和想法告诉孩子，让他知道老师一直都在他的身边。看了纸条，孩子的眼睛亮了，如云雾后的星星，他的笔又欢快地沙沙起来……

⊻ 技巧点拨

此案例用了情感认同法，通过表述受关注者的心理感受，陪伴在他身边，对他遇到的状况多加留意，尽力地让他感觉到自己是被尊重和重视的，让他感受到"支持"的力量。然后启发学生，让他认识到"凝滞"是成长的必然，他是需要发泄他的情绪的，老师可以教会他认识并处理好自己的坏情绪，不让这些情绪驱动任性的行为。当他可以成功地管理自己的情绪时，我们也别忘了给他一个大大的肯定。总之，虽然成长的问题有很多途径去解决，但必不可少的是用情感陪伴帮他完成这一心路历程的摸索。最后，强调"我们一起努力，想办法"，用智慧的引导给予孩子解决的支点。

⊻ 拓展迁移

情感认同法适用于学生想要突破却受阻时，帮助孩子突破自我。如案例中学生出现"凝滞"，教师应认同接纳他的状态、尊重容纳他一切的可能，助他拨云见日，帮他找到内在的力量，引领并允许他自己走。此法还可用在课堂交流环节，当学生对课文理解不足而不敢回答时，可引领学生拨除繁冗，正向生长。

上《湖心亭看雪》一课时，请学生找出文中评价张岱形象的字眼，连点两个孩子都出现语塞状况，我于是应景道："雪没有冰封住张岱的心，他以文寄怀，难道你们会被这雪冰封住自己的心？再读课文，用你的心去贴近他的心。"再交流时，一个孩子说："我不能理解张岱，我觉得他夜中看雪无疑是疯子之举。"他的话引起不小的骚动，有孩子笑着附和："对，对。"我没有急于发火，而是适时点拨："的确难理解，非常人所举啊！但他有意引舟子'痴'评收束，也许是想，千古知音有谁？谁理解他？谁又能认同他的情感？孩子，你能读懂他的心吗？"一番点拨，荡起了孩子们心底的涟漪，他们又沉浸于文中寻找解读张岱情感的密码。有的说：他是想借看雪排遣内心的孤寂。有的说：痴人痴行源于痴心，他是在隐晦表达对明朝的怀念。还有的说：为什么一定要与流俗同？王子猷雪夜访戴，未至而返，那才是名士风姿。做人，就应如此，行我所想，无问西东，活出真性情！我欣慰于孩子们的理解，说："张岱行为之'痴'是因他心理上出现了'凝滞'，在情感上他一直认同自己是明之子民，理解他，就能理解无数中国文人在朝代更迭中情感失焦的痛苦。其行其文皆指向其心，只有理解，才能接纳张岱的'痴'，才有共鸣的可能。"

教育感悟

教育是自我认知的调适修正过程，是一种心流活动。教师要善于给予推动，提供支点与平台，捕捉孩子心灵的律动，唤醒他们自我成长的意愿，引领他们向着明亮那方生长。

教育即生长，不只是看得见的"枝繁叶茂"，脚下根的延展、身体力量的积蓄，甚至"旁逸斜出"也是生长。教师要学会等待，要允许一切的可能，孩子们暂时的困境不能放大成对他们定性的评判。韩愈说："无望其速成，无诱于势利，养其根而俟其实，加其膏而希其光。根之茂者其实遂，膏之沃者其光晔。"教师的智慧指向的是让孩子们意识到成长是生命的自觉，它不是速成、不是定向，所有曾有的"凝滞"，都会成为成长的阶梯。

湖北省孝感市周巷镇中学　曹　丽

当公开课学生表现"意外"，怎么办？

公开课类型多样，与常态课不同的一点是，师生双方可能彼此陌生，同时又须共同面对"意外"的"听众"（本校领导、教研组成员或外校教师，以及教育局教研员等）。我们也常会碰到有"意外"故事发生的公开课，如果执教者能够积极应对"意外"，以小说家的笔法"顺水推舟"，再创"意外"情节，则"经典作品"可期，学生因"意外"再增获得感。

∨ 情景再现

城区六校联片教研，我在外校上公开课《乡愁》，在完成课前听罗大佑的《乡愁四韵》，顺利过渡到"悦读知情"环节时，原本想叫一位"计划"好了的学生朗读，可是突然一男生喊着：老师，我读一下啊！"啊"余音绕梁，似乎带着点"江湖气"，意料之中的笑声来自四面八方。

在师生关系陌生的课堂生态中，教师凭借有限的接触，很难把握学生的个体差异，故而此种公开课，各种可能性都存在，"意外"在所难免，而且不排除有些"意外"是淘气学生的有意为之。教者应机智应对，快速做出反应，善于及时捕捉有利于推动课堂向前发展的积极因素。

∨ 临场应对

面对学生"有意"的热情，我随即顺水推舟，微笑着说："你的嗓音响亮，挺能吸引大家伙哦，瞬间让老师关注到了你。"该生笑了一下，拿起书，开始朗读诗歌。我看到他在读第三节时，几乎是很陶醉地背诵了下来，而且声音略带颤抖。声音的抖动具体发生在两处：第一处在"乡愁是一方矮矮的坟墓"后多加的"啊"字上；第二处在"母亲在里头"的"母亲"一词后加的"却"字上。该生读完之后，我没有急于给出评价，而是顺水"推波助澜"，叫了他附近的一位女同学，问她对刚才男同学的朗读有何评价。女同学说："这位男生读得挺深情，但读有些句子时，有增字现象。"我要求该男生照着原诗，原封不动地把第三节再次朗读了一遍。然后，我又询问刚才做出评价的女同学："你觉得这位男同学两次读诗，有差别吗？"女生说："前后两次给人的感觉，是两种味道。"我又追问："哪两种味道？具体谈一下。"女生回答："前一次在两处增加了字，声音有顿挫之感，而且似乎有故事。后一次读，没有此种感觉。"顺着女同学的评价，我总结道："诗歌是语言的艺术，语言高度凝练，涵义丰富，增一字或减一字都可能影响诗味。但是，我们必须明确一个常识，即诗人遣词造句是服务于自己表情达意的，而读者在朗读诗歌时，字词的把握、节奏的舒缓也是服务于情感抒发的。刚才这位男生朗读到第三节时，是背诵下来的，我们都注意到了他声音的微妙变化。他似乎在这首诗里找到了潜藏于自己内心深处的情感。事实上，优秀的文学经典，我们总能够从中找到自己的影子。"

技巧点拨

裴斯泰洛齐认为：所谓教育机智就是教师对于学生身心的敏感的共鸣力和感化力。公开课的特殊性，课堂教学过程中"意外"的突发性，要求执教者具备应对突发"意外"情况的教育机智。本案例采用顺水推舟的方法来机智应对"意外"：先接着，不回避，热处理，充分尊重学生的课堂存在感。

第一，"先接着"，也就是及时主动接受出现的"意外"。在公开课的特殊环境下，执教者要最大限度地克服因各种"意外"而出现的心理焦虑、紧张，否则就会出现思维"卡壳"，语言表达紊乱，形态僵硬，以至于出现课堂"冷场"。

第二，"不回避"，也就是不避重就轻，以积极的姿态正面回应"意外"，矛来不逃，或者矛来不躲，而是矛来矛对。

第三，"热处理"，也就是及时捕捉有利于化解"意外"的契机，因势利导，将"意外"牵引到课堂的正常情景上来。

课堂永远是一个动态演进的过程，任何"意外"都可能随时发生。课堂变幻莫测，教师唯有具备高超的教育机智，顺水推舟，巧施"魔法"，方能强烈吸引学生融入其中，感受"意外"之喜。

拓展迁移

教育机智能力的获得和灵活应用，需在常态课上修炼总结。一线教师或初涉讲坛的新人，在自己的日常教学过程中，要有明确的课堂生态观念，教师的教育机智是整个课堂的生态链。任何突发"意外"，都可能影响课堂生态链条的完整。在师生就某一问题产生重大分歧时，教师的教育机智就是化解分歧的一剂良药。

一节常态课，学习《我的叔叔于勒》一文，讲到菲利普夫妇对待于勒的态度变化时，一位同学突然站起来义愤填膺地说："我们周围普遍存在有菲利普夫妇这种畸形心理的人，你看学校的班主任，对待农村孩子和城里孩子，两种截然不同的眼神，真叫人厌恶。"他说的时候，教室里瞬间鸦雀无声，全班同学齐刷刷地将目光锁定在我的脸上，期盼我的回应。我示意他先坐下，面带微笑对他说："你阅读本文的发现，着实惊醒了作为老师的我，让我迅速追问自己！"我又说："你看，我是咱们班的班主任呕！宝贝，我是'菲利普夫妇'吗？"他回答道："您不是，但并不表示其他人不是啊！"于是我顺水推舟，接着说："其他人是所有人，还是个别人啊？"当听完我的这句话后，这个孩子微微一笑，不说话了。我说："孩子们！'嫌贫爱富'只是个别现象。人类文明的进步，大到国家，小到个体，离不开相互扶持。我们看待某一不正常社会现象时，应尽可能全面地去分析，多点理性。"

作为语文教师，足够功力的文本解读能力，是保证课堂面对"意外"不乱阵脚的重要武器，同时，还要具备随机应变的教育机智。挖掘文学作品的真正内涵，获取作家寄予在文字背后的真正情怀，当学生存疑追问时，就可得心应手，顺水推舟，实现师生、生生之间的良性互动，从而构筑完整的课堂情节。

　　学生是课堂生态系统中最活跃的因素，其情感世界具有可塑性，心理认知充满变化。当他们处在不稳定的环境中，又面对立体多维的经典文本时，"语不惊人死不休"的"意外"行为潜在地存在于整个课堂生态中。教师当以"迅雷不及掩耳"的姿态机智应对，并且做到如文学大家一样，"一笔挥去，情节又起"。有情节的课堂，才能抓住学生的眼珠和心魂；有应对"意外"的教育机智的展现，才会使学生有更多的课堂获得感。

甘肃省陇南市武都城关中学　李胜红

当学生对经典课文不感兴趣，怎么办？

语文课堂上，我们常常会遇到这样的情况：你满怀信心地讲解一篇经典文章，学生却并不感兴趣。这时执教者就需要调整设计好的课堂流程，寻找新的切入点来激发学生的学习热情和探究欲望，从而深入把握文章内涵。

∨ 情景再现

讲鲁迅的文章《记念刘和珍君》时，我设计的思路是：按照事件发生前、发生中、发生后的顺序来梳理刘和珍的人物形象，再品味经典句子，体会鲁迅在文中表达的情感，感受杂文的魅力。但学生在分析人物形象时，只是反复地回答"和蔼、勇敢"这两个词，没有其他的理解。接下来是对文章的解读，学生表现得很沉闷，有的学生甚至打起了瞌睡。

我觉得主要是学生没有真正了解那个时代，也体会不到刘和珍牺牲的意义，再加上文中一些语言理解起来有难度，学生也感受不到鲁迅这篇杂文里复杂而曲折的情感。如果既要提起学生的兴趣，又要让学生感受鲁迅思想感情的复杂性和文笔的犀利，就要调整出新的思路来。

∨ 临场应对

为了达到上述目的，我提了一个新问题："谁能举出一些新中国成立前后为国牺牲的烈士？"这个问题不难，学生一下子来了精神，举出了很多烈士。我又接着问："你知道他们牺牲时是多大年龄吗？"学生纷纷猜测着，我随机在黑板上列出了部分烈士的名字及他们牺牲时的年龄：邱少云26岁，刘和珍22岁，董存瑞19岁，刘胡兰15岁，王二小13岁。看着这些数字，学生们都有些沉默，我接着总结道："在和平年代，像他们那个年龄的人有的在享受游览世界的乐趣，有的像我们一样坐在明亮的教室里接受知识的洗礼，而在战乱年代的他们却早早地上了战场，甚至永远地留在了战场上。"黑板上烈士的名字和牺牲时的年龄，明显触动了学生心中那根感情的弦。

我接着又提出一些新的问题："面对这样的牺牲，无论时间如何延续，作为中国人都无法不为之动容，而那个时代为革命积极呐喊的鲁迅又是怎样的情感呢？你能梳理一下本课中鲁迅先生的情感脉络吗？你是否注意到文中自始至终都贯穿着言与不言这一矛盾呢？又该怎样理解这一矛盾？"

经过对这几个问题的梳理探究，学生们对这篇文章有了新的理解，在分析鲁迅矛盾的心理时，甚至有学生提出"大爱无言，大音希声，大悲定无语，有语定犀利"的新观点。学生在这个过程中探究的兴趣越来越浓，思路越来越广，文中鲁迅的矛盾、情感的曲折、富有战斗性和抒情性的语言，以及刘和珍的人物形象都在这些探究中逐步解决了，最终顺利地完成了教学目标。

技巧点拨

此案例我采用的方法是调整出新法。对一些经典课文的学习，学生有时提不起探究兴趣，无法融入其中，这时教师就要临时调整教学设计，找到学生的兴趣点，设计新的教学问题来加以引导，学生的兴奋点才能被重新点燃。当学生的思路被新的切入点打开后，他们往往会不断地进行探究，直至挖掘出文本的深层内涵。

拓展迁移

调整出新，重在临场发挥，它需要教者运用智慧去发现文本中可以出新的地方，也可以从学生回答的问题中及时抓住可以延伸的内容。有时候这种临时的调整也可以交给学生去完成。高中生已经具备了自学的能力，学生根据自己对文本的把握，同样可以提出有价值的问题来供大家一起探究，这也培养了学生发现问题、解决问题的能力。

我在准备《阁夜》这节课时，就尝试将"临时调整"交给学生去完成。这首诗被称为七言律诗的"千秋鼻祖"，我设计的探究问题可能学生没有分析的欲望，会使课堂陷入沉闷的状态，要让学生感受到它的魅力，就应让他们去调整解读思路，把解读交给学生，也许会有新的探究思路。

讲授时，我让学生来找到他们喜欢的分析点，再选出有价值的问题进行引导分析。课堂上梳理完杜甫其人其事和创作背景后我布置了一个思考题：如果你来讲这篇诗歌，你最想带领大家探究哪个问题？

学生思考后提出了很多常见的问题，大多是关于诗歌内容、诗歌技巧、诗歌语言、诗歌情感等方面的问题，也有一些学生提出了"请梳理一下本首诗作者的情感变化""本首诗写了哪些声音"等新颖的问题，这些新颖的问题很有探究价值。在学生的共同选择下，最终将"声音"作为切入点来分析本诗。由这个新的切入点既能把握杜甫的情感，又能理解作者忧国忧民的精神，还能体会杜甫"沉郁顿挫"的诗风特点。先引导学生分析出"声音"为"雪声、号角声、野哭声、心声"，再进一步分析每一种声音背后饱含着的深沉情感，最后分析这些情感是如何化为杜甫无法言说的心音。我引导学生将这些问题设计成一幅思维导图，将"音"和"情"两条线索组合成一幅圆形图，直观又便于把握，在感受情感的基础上引导学生体会沉郁顿挫的诗风，感受律诗的魅力。这次调整衍生出很多新的思考，学生融入其中深度挖掘，准确地把握了诗歌内涵。

❯❯ 教育感悟

教授一篇课文就像演奏一段优美的音乐，在演奏过程中总会出现很多与主旋律不相合的外音，而这些临时生成的音符，往往是另一段新音乐的开始。作为演奏者，既需要有临场机变的能力，又要有扎实的演奏功底，敢于创新，善于倾听，才能调整出新，成就一段段优美的音乐。

广东省珠海市斗门区珠峰实验学校　崔兆云

当学生回答问题遭遇尴尬，怎么办？

学生回答不出问题或者答错问题引发嘲笑是课堂上常常发生的突发状况。被提问的学生往往会产生挫败感，敏感而自尊的青少年很怕老师的否定、同学的嘲笑，而这看似很小的一件事，若是处理不当将会成为学生今后学习的思想包袱。关注被提问学生答不出问题或者答错问题后的微妙心理状态，用类比引导法，给学生搭建心理台阶，给予他们及时的正面反馈，可以收到良好的教育效果。

情景再现

情景一：检查背诵时，有个学生背诵得磕磕巴巴，我越提示她越紧张。她特别沮丧，甚至不想再背下去，后来干脆对我说："老师，别考我了，我已经背诵了十多遍，可我太笨了，就是记不住。"她尴尬而羞愧地低着头。

情景二：课堂上，正在讲解王维的诗歌《不遇咏》，一些古诗文基础较好、反应敏捷、表达能力强的同学往往一点就透，他们总是争先表达，与老师互动很好，学习效果也理想；但一些基础较弱、表达能力弱、缺乏自信的学生，却看不懂，想不明白，或者是思维延迟。所以在提问环节，他们常常躲避老师询问的目光，生怕自己发言出错被人嘲笑。我叫起一个同学，她先是慌乱无助，继而低着头沉默不语。即使我启发了一下，她依旧没有任何反应；在我一再鼓励下，她尴尬地说了一句"我不会"。我叫起另一个男同学，他因为用语不恰当，引发一阵笑声，他很不好意思，一些同学的头则垂得更低了。

临场应对

苏霍姆林斯基认为，自尊是人性的顶峰，激发学生的自尊心是"教育工作者的头一条金科玉律"，要珍惜和保护学生的自尊心，"要小心得像对待一朵玫瑰花上颤动欲坠的露珠"。

所以，面对这种情况，我首先考虑的就是要保护学生回答问题的热情，维护学生青春期敏感的自尊心，让每一次的师生问答都能够成为教育的良好契机。因此，我先搭建一个引导学生正面看待自己的台阶。那个怎么也背不下来的同学，我知道她很用功，确实也背诵了好多遍，所以我讲了曾国藩与小偷的故事，告诉她曾国藩小时候天赋也不高，甚至被看作是"愚蠢之辈"，他背《岳阳楼记》背了二十多遍，等着他睡觉准备偷东西的小偷都听会了。但是，天生聪明的小偷终究被我们嘲笑，而天生愚钝的曾国藩却成为历史上极有影响的大人物。可见只要不懈不怠，日积月累，天道终会酬勤。我告诉这个学生："你不是笨小孩，你是曾国藩。"这是我搭建的第一个台阶：让她有面子。

接下来的台阶就是让她有方向，我说："但是曾国藩也可能有一些背诵的技巧没有掌握，我们来研究一下。"然后，我简单教了几个背诵的窍门，她听得很认真。从那之后，她就对曾国藩很感兴趣，学习的时候更用心了。

学生容易给自己贴负面的标签，老师需要做的就是帮他们撕下来，并且帮他们贴上正面的标签。用名人的相似经历来暗示学生，不仅给他们鼓励，更给他们一个可以参照的榜样。

而对于思维受阻或者思维延迟、表达能力弱的学生，我则给他们讲诗人写诗歌的故事，告诉他们：有人像李白那样倚马可待才思敏捷，有人则像贾岛那样"两句三年得"，需要精益求精推敲斟酌。也许你的答案没有斟酌好，那么，先给你一段时间思考吧。

接下来，我还会鼓励他们，大胆表达，别怕出错："鲁迅在《拿来主义》中有一句话说得好，首先是不管三七二十一，'拿来'！先占有，然后挑选。把你想到的都先说出来，即使错了，也可以说，至少你告诉我们这样做是行不通的。像爱迪生试灯丝一样地试错。"

我对同学们说："我们要感谢答错的同学，同学的错误回答，也许就像青霉素被发现一样，是个美丽的错误，却比正确答案更有价值。感谢他提示我们要准确用词，感谢他给我们提供了一个值得讨论的问题。"

这番话既是对学生的安慰，也是对他们的劝勉，更是对他们的期待。在这样的不断引导下，课堂营造了安全的、民主的、平等的、轻松的心理环境；学生消除了忐忑不安、紧张尴尬，更加积极地投入到对知识的探索中。

技巧点拨

此类案例采用的方法是类比引导法，用优秀人物的相似经历来引导学生，让学生感受到尊重、期待，潜移默化地正面激励他们。这种方法的运用需要注意以下几点：

1.所引用的事例让人信服，让学生看到他和事例人物的共同特点，建立的联系点越多越有说服力，也越能产生效果。

2.要分辨学生的具体表现，不应掺杂着包庇和纵容的成分，运用这种方法恰如其分，才会形成一股克服困难的无形动力。

3.此方法类似于心理学上的罗森塔尔效应，老师要真正以欣赏和期待的心态来看待学生的行为，才能让学生受到暗示，相信老师所说的故事，相信自己。

4.可以把名人事例概括成一个典故，用于反复提醒、强化学生的某一信念。

拓展迁移

一天学生拿着自己写的小说给我看，我借用曹禺评价川端康成的《雪国》来评价她的文字："细致、精确、优美、真切。"她如遇知音，因为她正是仿写的《雪国》。我又引用川端康成精益求精的写作故事——据说他写完一节之后，总要反复推敲琢磨，修改后往往删去大半——指导她修改自己的文章。她愉快地接受了。我进一步告诉她，川端康成观察过凌晨四点钟的海棠花，她也可以从对日常小事的观察思考入手去写作。从此她非常喜欢与我讨论写作，她写的小说也越来越好。

　　我们的课堂上坐着的就是未来这个世界的主人，他们中有因天天画鸡蛋而有些困惑和懈怠的达·芬奇，有做了多次但仍做不出像样的小板凳的爱因斯坦，有满脑子奇怪想法的爱迪生，老师要做的，就是给他们更多肯定，引导他们找到那个伟大的自我。

内蒙古通辽实验中学　毕云涛

当学生上课"开小差",怎么办?

课堂上,学生"开小差"是常有的事。教师如果视而不见,势必会影响整个班级的教学秩序和学生的学习效果。如果处理不当,又会影响师生关系的和谐,浪费教学时间,更会影响教学效果。因此,教师要学会用科学的方法,"点石成金",从"开小差"现象中发现更有价值的东西。

情景再现

有一回上语文课,我在讲台上讲得津津有味,发现有一个学生竟然趴在桌子上睡着了。我皱了下眉头,正想该如何叫他起来听课,忽然发现情况有变,那个睡着的男生不知道做了什么梦,猛地搬起课桌大叫:"打雷啦,快跑啊!"教室里一片哗然。有的学生还趁乱搞起了小动作。此时如果处理不当,这节课就没有办法继续下去了。

临场应对

我静静地站在讲台上,课堂逐渐安静下来。我用目光与学生对话,学生渐渐低下头,重新调整好学习状态。然后,我走下讲台,走到"开小差"的学生身边,询问他刚才我讲的内容,课堂又重新回到正轨。接下来,我及时调整了课堂环节:或提问,或朗读,或板书生字……学生的注意力一直非常集中,我也成功地将之前"浪费"的时间"找"了回来。如此,于不知不觉中,那些"误入歧途"的学生顺利回到"正途",整堂课顺畅地进行下来。

技巧点拨

老师上课不仅要让学生学习知识,更要保证学生能够跟随老师的思路,与老师积极互动,提高听课效率。

学生出现问题，老师不要因此而停止讲课。否则，等学生回过神来的时候，听课的连续性已经破坏，思路没跟上，最终影响了整体的学习效率。老师要稳得下来，调动所有可以与学生交流的因素，如眼神交流或手势指引，因言或因势利导，甚至是反其道而行之突如其来地表扬等，使之在"开小差"后能够在一定的时间内恢复注意力集中的状态，"点石成金"。

⌄ 拓展迁移

处理课堂上学生的"开小差"事件，提高"点石成金"的水平，是提高教育教学质量的关键。处理课堂突发事件，前提是要有爱心和耐心，其次是讲究艺术和方法，作为一个教师要"多用情、少用气"，要以情感人，亲切和蔼、心平气和。

一天，讲《寡人之于国也》，我问："谁愿意起来翻译？""杜——瑞——西！"学生异口同声地推荐。我看向杜瑞西，发现他脸上一副不明就里的神情，肯定是又溜号了。我让他站起来翻译，且听听他是怎么翻译"五亩之宅，树之以桑，五十者可以衣帛矣"的——"五亩大的房子，嗯，种树，不对，种的都是桑树，对吧？五十个人都可以穿上帛了，等等，穿上丝绸做的衣服了！好了，老师，我翻译得全对吧？我这么聪明！"他得意洋洋，左顾右盼。我大喝一声："杜瑞西！""到！"他猛地正色，抬头挺胸提臀，除了没有敬礼，简直就是标准的军姿。"哈哈哈……"，下面的学生笑成一片。"你站好！""老师，我个子太高，站前面会挡其他同学的，不如我站到后面去？"对待这个爱"开小差"的学生，我霎时伤透了脑筋。依我对他的了解，这堂语文课，不理他的话他便要继续放纵自己"开小差"；一旦理他，他会存心搞怪，洋相尽出，把"哗众取宠"演绎到极致！我稍稍镇定了一下自己，开始尽力把他当作调节课堂气氛的靶子。不理他，转而问其他学生："大家说，杜瑞西刚刚的翻译错在什么地方？四人一组，大家讨论看看，组织好语言，指定代表来回答。"在分组讨论的过程中，杜瑞西在座位上坐着，抠着自己的手指甲，看到我的眼光，立刻正襟危坐，口中振振有词，貌似在思考。在汇总答案的过程中，杜瑞西要么点头称是，要么私下嘀咕说和自己想的一样，要么做懊悔状。

一堂课就在我的引导和他的自我调整中结束了，看到下课后大家兴高采烈的样子，看着杜瑞西因为学到了什么而一脸得意的样子，我竟然心情也不差——没让他开成小差！"点石成金"的效果真好！

教育感悟

学生上课"开小差"的原因各不相同，老师应在课后找他们谈心，了解真实情况，分析"开小差"的真正原因，全面关心学生的身体、心理健康，科学引导并教育他们，从思想上解决问题。

教师在教学过程中，针对突发事件，应本着尊重学生和爱护学生的原则，及时采取合理的对策，最好达到"点石成金"的艺术效果。这样，不仅能使教师自己迅速摆脱窘境，保证课堂教学顺利进行，而且还会得到学生的敬佩。反之则犹如掉进了低效课堂的泥潭，不要说这节课的教学任务完不成，教师在学生心目中的威信也要大打折扣。

课堂应是向已知方向驶进的有激情的旅程，但随时都有可能发现意外的障碍，当我们突破那些障碍，也许就会发现更美的风景。当学生"开小差"的障碍出现后，教师应尽量凭借自己的教育底蕴、教学智慧去"点化"那些看起来很"丑陋"的石头，让它们闪烁独有的光彩，让课堂拥有更大的魅力。

我们教师的确需要苦练"点石成金"之功，需要在不断的探索与实践中提高技能，积累丰富的经验，在动态的语文课堂教学过程中把握点拨的时机，选择恰当的点拨方式，在"润物细无声"中将学生引进知识的海洋。

山东省德州市武城实验中学北校区　付　超

当课堂遭遇 "冷眼"，怎么办?

　　语文的世界是浩瀚博大的，当孩子们尽情地徜徉在文字的海洋时，是幸福而又美好的。但是，在教学活动中，如果课堂预设不到位，为师者不能给学生体验、欣赏、评价、表现和创造的机会，语文课会遭遇 "冷眼"，成为 "闷罐子"，失去语文学科的魅力和活力。

∨ 情景再现

　　自高二上学期以来，我发现语文课遇冷，被嫌弃了。开学第二周讲《林教头风雪山神庙》，按以前的学习状态，这种经典且故事性强的文篇，孩子们学起来是热情高涨的。上课伊始，我安排了自主默读文本的任务，但十分钟过去了，阅读进度非常缓慢，有一个学生更是完全不在状态，困恹恹的，还满脸的不开心。我刚走过去，没想到他就站起来说："老师，您这样做不是耽误时间吗? 整堂课就全是读课文了，没有意义，还不如干点别的!" 他的话不但没有引来其他同学的抱怨，反而引起很多人的共鸣。孩子们抢着说："老师，咱们以后别用这样的方式上语文课了，我们觉得，您就把每节课的学习重点印成试卷发给我们，我们自主识记，剩下的时间还不如让我们做点其他科的作业呢。真心觉得上不上语文课，学不学语文，考试分数并没有什么差距，自身阅读能力并没有什么提高。所以，我们泄气了，倒不如拿点儿理化的分数来得实在。而且，老师您看，高二（2）班甲同学，平时连语文作业都不认真完成，可一考试，人家分数总是那么好，而我们每天认真学习，做各种相关练习，成绩并没有什么改变，还不如不费劲嘞。" 不少同学对此争相表示赞同，"嗯、嗯" 声不断。

∨ 临场应对

　　面对这样的 "质疑"，我知道，我要赶紧抓住机会对学生进行学习引导。我语重心长地对孩子们说："老师特别理解你们的不解。曾几何时，我也有这样的困惑。我想和同学们分享一下我的看法和认识。语文是很美好的一门学科，而语文学习则需要一个潜移默化的积累和沉淀过程，也正是在这个过程中，我们对文学作品的学习、审美和鉴赏，慢慢地浸润了我们的心灵。这就犹如一棵幼苗到参天大树的成长过程，种植伊始，即使我们天天耕耘、浇水、呵护，也不会在短时间内有特别惊喜的发现。但你能因为没有惊喜的发现就去否定它的成长吗？我们现阶段的确会有一个所谓的考试分数来检验你们的语文学习成绩，但是，成绩如果不太理想就能说明你语文能力差吗？在我们的语文教材中，不管是祖国的秀美河山还是古今中外的名人事例，不管是瑰丽多彩的唐诗宋词还是扣人心弦的元曲和包罗万象的小说，不都能给予我们灵魂的滋养吗？我以后会更加尊重你们的内心感受，把课堂的主体权更多地交给你们，由你们去开发文本、赏读文本、创造文本，充分发掘自己学习语文的潜力，大家说好不好？"同学们听完，若有所思，表示可以试着重拾学习语文的激情和决心。

接下来的时间，我变换了教学方式。我请同学自由选择角色对文本进行分角色朗读，并让学生谈谈对整部《水浒传》的认识及对本文进行个性化解读，课堂气氛瞬间活跃起来。我趁热打铁，把接下来的梳理情节、分析人物、概括主题等学习要点安排下去，要求孩子们在课下搜集各种相关材料，通过iPad、黑白板、手抄报、学习心得等多种形式，在接下来的课堂上进行成果分享。孩子们脸上露出笑容，说他们对以后的语文课，充满无限期许。

技巧点拨

在此案例中，我运用的是"导·行"结合的方法。"导"是教师的指导、引导和疏导。"行"是学生在教师有效的点拨下，充分进行的各种自主学习实践活动。教师要根据课堂效果引导学生表达心声，既要注意兴趣的激发，还要注意课堂评价的正确引导；而学生则要结合自己内心所想，由衷地表情达意，在民主竞言、充盈细节、丰富阅读的学习中，提高语文的学习兴趣。

"导·行"结合法尤其适用于对文本新知的解读和学习。在真实的课堂上，教师要有的放矢，让孩子们灵活地给教学预设添骨增肉，使学习内容丰富起来，提高学生知识举一反三的运用能力。

在接下来的《边城》教学中，我首先帮助学生明确文本意义，对分组学习、学法、课堂评价做了有效指导，之后让孩子们身体力"行"：

1.学习组长组织组员，挖掘学习重点。在分析情景、提出问题、解决问题及交流结果等过程中，通过群"我"的自主学习，提升综合素质。

2."生教"是落实教学目标的主要方法，对于难点，由"我"来钻研突破，其他学生负责点拨和总结。

3.利用微信、微博等网络信息平台，由学习组长带头，把整理的相关重点进行"公示"。之后，条析成文，完成对该作品的读书笔记的撰写。

有同学在本子上写道："作者极力讴歌湘西的风光秀丽、民风淳朴，其实是相对于传统美德受到破坏、到处充斥着金钱主义的浅薄庸俗和腐化堕落的现实而言的。边城人的生命形态，不得不让我们反思现代文明中物欲泛滥的情形。"这样犀利的评价，我都不敢相信出自他们之手。

整堂课，孩子们如鱼得水，在自己构建的语文世界里畅享着课堂真正"主人"的美妙体验。

教育感悟

随着对文本探究内容的不断延读和深化，这一方法的运用拓展范围也逐渐加大。我时刻提醒着自己，切忌为了缓解"冷眼"状态，而太过失"度"，比如过于肯定学生的发散思维、流于形式等。虽然没有了教师的"教学专制"，缓解了被"冷眼"的状况，但实效性能持续多久还是需要时间的考验的。作为语文教学引领者的我们，一定要时时刻刻用心造境，创设有效的方法，升腾我们的课堂。

天津市第五十一中学　贾立双

当学生在课堂上情绪波动，怎么办?

众所周知，青少年时期正处于"多梦"的年龄阶段，有"急风骤雨"和"心理断乳期"之说，人类几乎所有的情绪，都可在青少年身上体现出来。当青少年步入前所未有、纷繁多彩、充满波动的情绪世界时，关注他们的情绪波动显得尤为紧迫。特别是当学生囿于自身的经历，情绪陷入消极、偏执的状态时，教师反向度的引导显得至关重要。

❯❯ 情景再现

下午第一节课刚上不久，同学们正在预习交流《孔雀东南飞》，小甲喊"报告"进教室，急匆匆地落座，怒目圆睁，时不时望着窗外某个角落。他全然不理会身边同学的热情讨论，时而咬牙切齿，时而揪抓自己的头发，完全陷入一种深深的愤恨里。忽然，他蹿腾起来，异常激动地叫嚷："我要回家，我不读书了！"我只好先安慰他，请他到办公室冷静！正想问几句，手机震动，一看，是其母来电！电话那头的声音哽咽着，诉说断断续续，原来妈妈今天来看孩子，无意说漏了嘴，父母离异的事情被孩子知道了。小甲接受不了这个现实，心声怨恨，恨父母欺骗自己，不想读书了，甚至还有轻生的念头！妈妈一直担忧着，可怜天下父母心！此刻获知了孩子压力的来源，心底泛起阵阵怜惜，如何指导孩子应对这如山的重负？我心忐忑。教室里传来孩子们的诵读声似乎给了我某些启示。

❯❯ 临场应对

必修二第二单元的经典爱情文本为我们打开一扇走进情感的窗子，而《孔雀东南飞》中男女主人公缠绵悱恻的爱情悲剧荡气回肠地点醒着世人。待他冷静些许后，我诚恳地说："老师愿意帮助你。"他恨恨地说父母太假了，抛弃了自己，并且一直瞒着他，恨死他们了！我轻轻拍他的肩膀，递给他一杯温水："老师和你来说道说道爱情。你看焦仲卿和刘兰芝，一对那么相亲相爱的人儿，最后却被迫分离，生死两隔。难道他们不痛苦吗？倘若他们有孩子，孩子怨恨他们可怎么办？我们披情入文，文中的男女主人公从相识相知到相依相恋，从陌生人到恋人，最终结为夫妇。两人均付出了真心真情，这是不容抹杀的。但生活中有太多的不尽如人意，当两个人已无感情牵绊还彼此纠缠，那是对各自人生的极端不负责任。所谓'缘尽情灭'，成年人有他们的选择权利，尽管他们分开了，但对你的爱不会改变，当初瞒着你，是怕你没法接受，现在你渐渐长大，是时候知道真相了，尽管方式有些被动。"他低头不语，若有所思，目光中的恨意弱了一些。

✓ 技巧点拨

此案例我用的是反向引导法：用爱释缓恨，用曾经深深的爱冲淡目前由内及外的怨。反向导引法实是一种逆向思维法，"反其道而思之"，使用言语对他人的情绪活动施加影响，引导学生的思维轨迹朝着情绪的对立面行进，并深入地反向探索问题的本质，从而获得新的认知，进而控制外部行为。

✓ 拓展迁移

反向引导法适用于一些相反相成的教学情境中，借助于言语的调节功能，引导学生向事物或者观点的反向度开掘，深挖出其内里的新资源，从而全面、动态地去认知事物、把握情感。

一次上《岳阳楼记》，学生小乙豁然站起来愤愤地说："老师，范仲淹根本没到过岳阳。我查了资料的，他写的都是假的！"此言一出，学生一片哗然。学生对艺术创作的真假一时难以辨识。有必要请同学们探究一下范仲淹为了写《岳阳楼记》做的"真"准备，从而廓清学生对艺术创作真假不辨的迷思。我提出了三个思考点：其一，范仲淹除了收到好友滕子京寄来的一封"求记书"，还收到了什么干货？其二，没到过岳阳，就没见过洞庭湖吗？其三，文中对洞庭山水的挚爱折射的是一种怎样的情怀？

课后学生们收集整理资料，交流时初步达成共识：其一，范与滕为宋仁宗祥符年间同榜进士，又同因为人正直而遭诬贬，范罢参知政事，知邓州，而滕由左司谏贬为岳州知府。滕子京上任为人民办了许多好事，其中一项就是重修面对洞庭湖的岳州西城楼，并给范仲淹写了一封"求记书"，知他未到过岳阳，便请画工把岳阳楼的景致绘成画卷《洞庭秋晚图》，作为写作参考一并送达。其二，范仲淹虽未到过湖南的洞庭湖，却和太湖、鄱阳湖有长时间的接触。并且"洞庭"这个湖名非湖南独有，据钱穆先生考证，凡是有"此水通彼水"现象者，都可以称为"洞庭"。湖南的"洞庭湖"通湘水、资水、澧水。太湖亦有洞庭湖之称，因为太湖通黄浦江、吴淞江等。范仲淹是苏州人，对太湖熟悉自不必说；一〇三六年他因反对吕夷简而被贬出知饶州（今江西上饶），也曾在鄱阳湖上流连了不少时日（鄱阳湖通赣江、抚河、信江、饶河和修水，自然也能被称为"洞庭"。）所以，范仲淹对洞庭湖这类景物还是具有足够的感性知识的。因此，作者心中丘壑无限，借助滕子京送来的《洞庭晚秋图》触发感悟，写起《岳阳楼记》来自然驾轻就熟，一挥而就，成就了这篇气势阔大、恣肆淋漓、情景交融的雄文。文中对景物形象而又具体的精彩描述，若无仔细观察，亲历体验，是绝对无法想象、编造出来的。其三，没见过岳阳楼，就回避像《滕王阁序》那样细化楼台景物，只对社会背景做简约的交代——"政通人和，百废俱兴。乃重修岳阳楼，增其旧制，刻唐贤、今人诗赋于其上"，寥寥数语，并以"前人之述备矣"一句收束，明示楼之形状并非笔墨中心，可以阙而不提。然后以更多笔墨，把八百里洞庭风光描绘得惟妙惟肖、绘声绘色——不惜文字，泼墨如注。用洞庭湖水的波澜，衬托自己胸中的波澜，为最后自己的忧乐观张目。在这样的探究中，学生明晰了文学创作的真实与虚构的辩证关系。

教育感悟

　　爱与恨、真与假、美与丑等极富思辨的命题都可以成为我们教育教学重要的资源，当它们以某一种单向质的面目出现时，我们有必要去挖掘他们反向度的奥秘，让爱与恨互现，真与假同在，美与丑共存，从而努力培养学生的辩证思维能力，为孩子们核心素养的生成助力。

湖北省荆州市监利县城关中学　丁克松

当学生上课总睡觉，怎么办?

　　每个孩子都是一颗花的种子，只不过每个人的花期不同。有的花，一开始就会很灿烂地绽放，有的花需要漫长的等待。作为园丁，在等待的过程中，要格外用心地呵护那些花期漫长的花，用情感的熏陶、文化的濡染，去激励，去唤醒，相信这朵花也会如期开放。

情景再现

　　有名男同学在语文课上总爱睡觉，这个孩子品质不错，智商也很高，但自尊心很强，很好面子。课下往往表现得生龙活虎，课上却宛如病猫! 之前对他屡次提醒说教无果，我决定改弦易辙，和他进行一次开诚布公的交谈。下课之后，我语气温和地把他叫到我前面，开门见山地问他上课为什么总爱睡觉。他很直接地回答我说："困了就想睡。"我说："那就是管不住自己，缺乏自制力的原因!"我突然想到刚刚讲完的《论语十则》和《大学》里面关于"克己复礼"和"君子慎独"的问题。于是我决定以此为切入点打开他封闭已久的思想闸门，用文化的力量唤醒他沉睡的灵魂。

临场应对

　　我先给他讲了孔子批评学生睡觉的例子：宰予昼寝，孔子批评他"朽木不可雕也，粪土之墙不可圬也"。想要告诉他上课睡觉的严重后果——不学无术，一事无成。接下来我以《论语十则》中的"克己复礼"为切入点来说明一个人想要有所成就就必须具备克制自己的能力："正如孔子所言：'非礼勿视，非礼勿听，非礼勿言，非礼勿动!'孔子要恢复的是周礼，而你眼前需要做到的是'非礼勿做'，你上课睡觉的行为不符合班级的管理制度，所以你现在的行为'非礼'，你知道吗？"该生不禁哑然失笑，但我从中能看出他认同我说的话，态度明显端正了不少! 我趁热打铁接着说："还记得我们刚刚学过的《大学》中的'君子慎独'吗？有学问有修养的君子往往有较高的道德自律，他们即使在无人监督的情况下也不会做出违背道德的行为。而你却在老师的眼皮子底下睡觉，你的行为符合君子的要求吗？"该生赧然无语。"一言以蔽之，你现在最缺乏的就是克制自己的能力。"此刻的他幡然醒悟，开始反思自己的行为。我用经典文化深处蕴含的力量唤醒了一个情感匮乏的学生，使他精神觉醒。

技巧点拨

面对学生上课睡觉的问题，我从经典文化的角度，用情感熏陶的方法，循循善诱，从而使学生获得文化的濡染和精神的成长。此方法体现了循序渐进的原则，也达到了在经典文化的传承中育人的目的。使用此法需注意以下几点：

1.照顾学生当时的感受，不能用语言去刺激他，教师必须心平气和，做到和蔼可亲，从而拉近和学生谈话的心理距离。

2.经典文化的引用必须兼顾学情，太高或太深都会使学生陷入云里雾里，可能会适得其反。

3.把握提醒的"度"，提醒得太频繁会引起学生的反感或逆反，抓住合适的机会给予适当的点拨，才能帮助其走出困境。

拓展迁移

从文化濡染的角度去引领学生，让学生不仅深切感受到经典文化的永恒魅力，而且进一步发现自我、认识自我，最终达到提升自我的目的。此法还可用在课堂拓展环节，用经典文化唤起学生的向往之情，从文本延伸到更广阔的文化之境，把学生引向洞天福地。

某次语文课，我正在讲成语专项练习，发现个别学生开始有昏昏欲睡之态。我急中生智，决定从文化的角度去唤醒他们。刚好正在讲"积重难返"，我并未直接说出这个成语的意思，而是故意放大了声音说道："就像有些同学一样，如果上课总睡觉，长期养成了睡觉的习惯想改都改不过来了！"这个时候大家的目光都不约而同地投向了他们，他们故作清醒，有点无地自容。"我突然想到了马云说过的一句话：'不要在最能吃苦的年龄选择安逸。'是啊！一个人要想成功哪有那么容易！对于某些人来说，首先要克服上课睡觉的毛病！不然就会积重难返。想当年苏秦头悬梁、锥刺股地发奋苦读才成了纵横捭阖的外交家！董仲舒在学习时做到三年目不窥园最终才成为一代儒学大家！他们之所以成功，很大程度上在于他们拥有强大的自我克制的能力！撒切尔夫人也说过：'所有成长的秘密在于自我克制，如果你学会了驾驭自己，你就有了一位最好的老师。'"此刻那几个昏昏欲睡的学生在我一番文化的"狂轰滥炸"之下变得专注了许多。

❯❯ 教育感悟

作为一名高中语文教师，要有深厚的文化底蕴。高中正是人生观、世界观、价值观形成的关键时期，唯有具备深厚的文化素养才可应对课堂上出现的意外之举，教师应以情感为船，以文化为篙，将学生载向文化的长河。正如哲学家雅斯贝尔斯所云："教育的本质意味着：一棵树摇动另一棵树，一朵云推动另一朵云，一个灵魂唤醒另一个灵魂。"

内蒙古通辽实验中学　衡中华

当学生课堂纪律乱，怎么办？

　　思维决定看问题的高度、广度与深度，同样的事，不同的思维会产生不同的结果。教育也是如此，打破思维的定势，反弹琵琶，教育会别有一番风情。

情景再现

　　文理分班，有一个班级，被大家口耳相传纪律如何如何的差，学生如何如何的不好。我是这个班级的任课老师，第一次见面，我站在讲台前凝视着他们。突然有一只蝙蝠，横冲直撞地一头扎进班级，尖叫声，笑声，桌挪椅动声，嘈杂切切，声声入耳。站在台前的我，刚想大声喝止学生，请他们保持安静，但脑子里一个主意油然而生。于是，我脱下外衣，一个箭步，来到蝙蝠附近，用衣服罩住了蝙蝠，让它不能乱飞，并用衣服裹着，让蝙蝠从窗台飞走。随后，我昂起头，神气地瞧着他们，略等一瞬，接着淡淡地说："现在可以有掌声了。"班级为之一静，然后掌声沸腾。我想，此时正是对孩子进行教育的最好契机。

临场应对

　　我站在讲台前，环视了一下班级，说："刚才去抓蝙蝠的同学，请站起来。"班级里断断续续地站起了几个摸不着头脑的男同学。我一看，果然不出所料，都是班级里所谓调皮捣蛋的学生。看着他们一副视死如归、爱咋咋地等着被训斥的样子，我突然笑着说："请同学们为这几名同学鼓掌，他们是我们班级的英雄，在同学有危险的时候，是他们挺身而出，冲在最前面。在未来的生活中，我相信他们也一定会像鲁迅先生笔下的刘和珍君一样，敢于直面惨淡的人生，敢于正视淋漓的鲜血，敢于在困难与危险面前，挺身而出，因为他们是真的——"说到这，我停顿了一下，学生齐声回答

"猛士"。看着在掌声里绽放的笑容，看着随着我的话语和同学们的掌声不断挺直脊背的学生，我说："我希望我也相信每个同学在不断的成长中都会成为真的'猛士'，那真正的猛士应该是什么样子的呢？"我的问题点燃了孩子的热情。面对总被批评，一直不被看好的学生，我期待地看着他们，和他们一起，谈美好，聊人生——从扫一屋到扫天下，从做小事到做大事。看着学生越来越明亮的眼睛，我总结说："非常感谢这节课能看到最真实的你们，我希望你们在今后的生活中，能活得潇洒，活得有尊严。"

当学生想不到老师下一步干什么的时候，我们离成功就不远了。反弹琵琶就是以慢慢走、欣赏的心态，赏识学生。这里反弹的不仅是教育，更是一种情怀，一种对真善美的认同。

技巧点拨

此案例我采用的方法是反弹琵琶。顾名思义，反弹琵琶指的是突破一些常规的、约定俗成的思维和行为。对以上案例的学生来说，批评教育已成家常便饭。在学生看来，责之切，不代表爱之深，批评于他们，不痛不痒，不伤筋不动骨，他们已有免疫能力。教师的批评会让他们生出不过如此之感。所以，此时背其道而行之，反倒会有意想不到的收获。学生的心理在逆向思维中，得到了认同，矫正行为的同时，也获得了尊重，加强了师生之间的正常沟通。因此，我们有必要擦亮眼睛做教育，通过对孩子身上闪光点的认同，强化他们养成好习惯，促使他们的心理能够健康发展，形成健全的人格。

拓展迁移

运用反弹琵琶法时，要注重对思维的拓展，把教育化为一潭活水，容纳百川，润泽课堂；要注重教育方法的改变，让学生更好地认识自己，通过发散性思维，多角度深化对文本的理解。所以说，反弹琵琶法既是育人的手段，也是文本解读的良方。

反弹琵琶法，不仅课堂上可用，课下也要用。双管齐下，才能珠联璧合。高一的一位女生在课堂上乱传纸条，被我截获，无意中瞥到里面写了不少骂人的话。我不动声色，装作没看到里面的内容，转而说："同学们，小段同学用一张小小纸条，提醒我告诉大家，学好语文，走遍天下都不怕，有人的地方就有语文，有语文的地方就有朋友。但是，怎么表达很重要，希望同学们重视。"说着我深深地看了她一眼。我相信她能读懂我的眼神。课后我了解到该女生父母离异，缺乏关爱，遇事偏激。正好没多久，她过生日，我照例给她写了一封信，说了她在我眼中的好，在同学眼中的好，也让她慢慢改变，朝着好的方向，温暖前行。

❤ 教育感悟

教师更多的时候是一个倾听者，先听孩子们说，站在孩子的角度去想问题，然后再站在老师的角度去思考问题。最重要的是教师要能发现孩子们身上的闪光点，这一点点光亮，不就像冰心笔下的小桔灯吗？因为有它，人心才暖；因为有它，人生才能穿过茫茫的黑夜，见到更大的光亮。

教育是慢的艺术。理解孩子，相信孩子，欣赏孩子，星星之火必燎原。让孩子们觉得班级好，让孩子们觉得身边的同学好，让孩子们觉得他们自己是最好的，最终教育呈现出最美的样子。

黑龙江省绥芬河市高级中学　潘志龙

当学生在课堂上情绪失控，怎么办？

青春期的孩子情绪发展有明显的两极性——内向与外向并行、沉稳与冲动并举，再加上童年特殊的成长经历，家庭教育方法的简单化，有一些特殊的学生常常表现得焦虑狂躁，甚至会导致不同的心理疾病。在课堂教学管理中，面对这类特殊孩子的突然爆发，要学会窥斑见豹，因势利导，方可让孩子的情绪爆发平稳过渡，并"吃一堑，长一智"，学会正确处理自己的负面情绪。

情景再现

某节习题课，我走进班级刚要开始讲课，小彭突然站起来，冲着我大声吼叫："把我卷还我！"我当时一愣，他又大吼一声："我受不了啦！"随即将手中的笔狠狠扔到地上摔碎了。小彭是我刚接手的任课班的插班生，平时上课他总是不声不响，从没有过这样的表现。

他那紧握成拳的双手，怒气冲冲的眼神，让我意识到这个孩子的过激行为绝没有那么简单。我马上了解情况，原来他的试卷上没写名字，课代表未能把试卷及时发给他。为什么一件小事会引起他巨大的反应呢？记得不久前有位同学告诉我，小彭5岁时父母离异，因为身体肥胖，在原学校经常被嘲笑。小彭说，以前班级的课代表歧视他，班里的同学也都不喜欢他。

怎么办？是暂时搁置课后处理，还是趁热打铁及时解决？最后，我选择了后者。我顺势增加片段作文训练"从一份试卷谈起"，让学生围绕这件事谈看法。有的说彭同学没拿到试卷固然生气，不过应该学会正确表达；有的说以后试卷要及时写名字，减轻课代表的负担；有的说彭同学很善良，愿意给同学讲题，大家要多关心他，让他早日融入这个团结的集体；课代表说自己工作不够细致，对彭同学表达了歉意。只有彭同学，表情尴尬，一言不发。我赶紧替他解围，鼓励他解开心结，他嗫嚅着说："我错了……"同学们以掌声回应了他。我给家长发送了这段视频，并表扬了孩子，建议家长带孩子去医院检查，结果发现孩子得了青春期焦虑症，幸好就医及时。孩子很快就恢复了健康，融入到集体中。

临场应对

一个学生在课堂上"超乎寻常"的表现，可能会引起老师的误解，认为孩子可能在挑衅权威。如果我们只是就事论事甚至粗暴处理，有如抱薪救火，适得其反。这时候就需要我们窥斑见豹，深入了解问题背后的原因，及时调整解决方案。在这次突发事件中，我采用窥斑见豹法，从他课堂上突然暴怒的表现探究到他有被忽略、被歧视的感觉，结合他的成长经历、性格特点，判断出他心理可能出现了问题，于是我立即调整讲课内容，让孩子们各抒己见，帮助他形成正确的认知，再及时与家长沟通，寻求救治。这样课堂内外结合，对他多了些鼓励期待，也营造了和谐融洽的氛围，帮助孩子恢复心理健康。

技巧点拨

此案例我采用的方法是窥斑见豹，是指从观察到的部分，可以推测全貌。在教学中，这种方法可以引申为教师从学生反常的言语、行为中发现问题，由点及面、由浅入深，进而寻找到解决方案。比如性格内向的孩子突然情绪失控，性格外向的孩子突然不言不语，甚至是学生表现出超乎平常的行为举止，都可能是由于内心的变化造成的。教师要力求不规避问题，不激化矛盾，从孩子的表现推及内在原因，再在班级里营造和谐的教学氛围，辅以有效的教育手段帮助孩子，从而让学生从阴霾中慢慢走出，变得阳光开朗。

拓展迁移

作为语文教师，因为所教学科思想性较强，对孩子情感的熏陶也较多，这就需要我们窥斑见豹，发现问题，冷静待之。

临近中考，班级里以多种形式复习名著。某节语文课，大屏幕上正在播放《简·爱》的电影片段。小赫同学突然站起来说："学习这么紧张，看电影简直是浪费时间！"小赫是个学习特别刻苦的孩子，只是压力太大，不允许自己有一丝空闲，这是考前焦虑的突出表现。那么，如何缓解考前压力呢？为此，我特意更改了上课内容，组织了一场交流会：考前压力利弊谈。同学们都分享了自己面对压力时缓解的方法：有人说，可以适当地进行体育锻炼，多听听舒缓情绪的音乐，帮助自己缓解压力；有人说可以组建互帮小组，让大家在学习中增进友谊，转化压力；还有人提议设立"小小暖心角"，让同学们将生活中的小情绪、小问题以小纸条的形式投入信箱，请老师时时关注，帮忙疏导解决。最终大家认识到适度的压力是正常的，不必恐慌，可以通过科学的方法战胜它。这届中考，我们的孩子都顺利而自信地完成考试，好多同学都被省内名校录取。

教育感悟

一个孩子的反常的行为表现，可能是群体现象的征兆，不单单是违反课堂纪律这般简单。上述案例时时提醒着我：作为教师，在传道授业解惑的同时，更应该透过现象的点，看到心理层面的质。教育不是万能的，教师也不是超人，但在育人的道路上，我们要再细心一点，再包容一点，再冷静一点，让孩子的心灵更清澈一点，成长更幸福一点。

著名教育家马卡连柯说："不会抑制自己的人，就是一台被损坏了的机器。"当青春期的孩子们不能理性控制情绪的时候，教师要善于观察，善于思考，来帮助这些孩子走出苦闷，这是教师应负的一份责任。

窥斑见豹，会让教师的教育之路多一些前瞻性，多一些成就感！

辽宁省沈阳市第126中学　杨萍萍

当学生在课堂上胡诌，怎么办？

教学是一门充满创造性的艺术活动，而非固定呆板的机械活动。它的精髓在于巧联妙引，循循善诱。正所谓教无定法而贵在得法。随心所欲而又不逾规矩，让课堂在有限的时空里绽放令人难忘的芳华，应该是我们每个教师的追求。

情景再现

记得有一次我在给学生讲《苏武传》，讲到苏武怕被匈奴审问侮辱而拔刀自杀时，一个学生在下面很自然地喊道："苏武真是个大傻帽儿！"此语一出，全班哄堂大笑，不约而同地把目光都投向了他，然后又齐刷刷地看向我。我知道他们在等我的态度。我忽然意识到这是一个很严重的问题。苏武这样一个为国守节的英雄，这样一个千百年来被歌颂的英雄，到了我们学生的嘴里竟成了"傻帽儿"，这岂非咄咄怪事？这是我们这个时代的通病，孩子们的价值观出了问题。作为一个教育者，我想我不能轻易地一笑了之。

临场应对

我首先请这个学生解释他为什么觉得苏武是个"傻帽儿"。他说：苏武居然动不动就死，视自己生命如同儿戏，还让自己白白受罪，难道不是"傻帽儿"吗？我引导学生分析苏武为什么要自杀。经过讨论，他们认为，苏武作为使臣，代表的是国家，他时刻把祖国的利益放在第一位。苏武之所以求死，是为了不让国家尊严受侮辱。学生们得出这个结论，我很高兴。我接着引用林则徐的两句诗——"苟利国家生死以，岂因祸福避趋之"来告诉他们，一个人应该像苏武一样有大的格局和心胸。不能老是求田问舍，琢磨自己的一亩三分地，应该多为国家和民族的利益考量。

我又引导学生看单于对苏武自杀的态度，让他们明白真正伟大的人是会受到对手尊敬的。苏武自杀成功挽回了祖国的尊严，这样以死报国的人难道是"傻帽儿"吗？我接着让他们对比单于对苏武和张胜的态度，对比后人对苏武和卫律的评价，引用鲁迅的话"有缺点的战士终竟是战士，完美的苍蝇也终竟不过是苍蝇"来告诫他们，要懂得国家大义高于个人利益。苏武是我们民族的脊梁，让我们的民族不再缺钙，他的光辉人格鼎立千秋，光照万代。接着让学生联系历史上面临民族危亡时舍生取义的英雄。看着他们慷慨激昂地陈词，我明白他们的心中燃起了爱国主义的熊熊大火。

技巧点拨

课堂是变化万千的，这正是它的魅力之所在。课堂上我们不应对学生"胡诌"的现象视而不见，或者以斥责压下，而应该以理性的思维用"节外生枝"的技巧来对待引导。"胡诌"很有可能是课堂生成的重要契机，绝不可轻易忽略。

当学生有"胡诌"的表现时，教师要从容淡定应对。不要害怕自己控制不住局面而打压学生。教师此时应该以一个平等参与者的身份，把问题抛给学生，让他们进行讨论探究。学生"胡诌"之时也是教师放下师者身份，最能激发出学生思想火花的时刻。教师应该努力思考，调动自己的专业学识，运用课堂驾驭技巧，做学生的导路人，把学生引入正轨，不要使之越跑越远。

拓展迁移

"节外生枝"是很符合语文的学科特点的一种方法，它让语文课变得更灵动，更丰富，更诗意。它要求教师保有一颗好奇进取之心，更要求教师有丰厚的学识积累和驾驭课堂的能力。"节外生枝"是为了更好地促进教学，该放开时要大鸣大放。

有一次我给学生讲《聊斋志异》，讲到蒲松龄一生穷困潦倒抑郁不得志时，一个学生带着鄙夷的口气脱口而出："穷酸秀才！"我听到后，问他知道为什么只说"穷酸秀才"而不说"穷酸举人"。然后我"节外生枝"

地给他们讲起了古代的科举考试，又让他们联系《范进中举》中范进中举前后的变化，使他们明白了古代人十分看重科举，"万般皆下品，惟有读书高"的道理。考中秀才就可以不用服劳役兵役，不用交赋税，但是不具有做官的资格。再加上秀才光知读书而看不起务农，没有收入而穷困潦倒，因此称之"穷酸"。而考中举人或进士，就拥有了做官的资格，而且国家还给他们发补助，所以不愁生计，故无"穷酸"之称。又给他们讲了科举中春风得意的白居易，讲到了《琵琶行》里的"同是天涯沦落人"的心酸。这堂课可以说因"节外生枝"而摇曳多姿，学生对中国古代文人的心理有了更深刻的理解。

教育感悟

　　教育，说到底是人与人之间的双向交流，而非单方面的灌输。所以一旦当学生愿意表达时，一定要给他们一个机会。尽管他们有时会"胡诌"，但我们不应该害怕这样的"节外生枝"，而应该在学生的"胡诌"里找到恰当的教育契机。

　　"节外生枝"的前提是教师对学生的"胡诌"有基本的价值判断，而不是不加辨别就批评一通。如果那样就被学生带偏了，失去了课堂教学价值。所以，需要教师有敏锐的教学直觉和高超的课堂驾驭技巧。

　　"节外生枝"要求教师平时在读书备课中多进行非教学性备课，要把自己的目光放长放远，不能只盯着教参讲课文，应该博览中外群书，打通文史美哲，立足学生的长远发展。

　　"节外生枝"恰好让学生有了从山重水复到柳暗花明的课堂经历。这个经历是学生思维拓展产生灵感的过程，是课堂最珍贵的瞬间。教育的本质不是按部就班的传授，而是风云激荡的思维碰撞。

黑龙江省伊春市第一中学　刘士友

当学生不爱学习文言文，怎么办?

"教育的本质意味着：一棵树摇动另一棵树，一朵云推动另一朵云，一个灵魂唤醒另一个灵魂。"雅斯贝尔斯如是说。"唤醒"绝不是凭空的一声"吆喝"，需要教者以创新和智慧为学生创设情境，助力成长。

∨ 情景再现

高二下学期，语文必修选修都已结课，接下来面临的便是高考复习备考。针对本班学生文言文基础薄弱的问题，打算先从文言文开始复习。根据以往复习文言文的经验，都是基于高考考点的复习策略，分别从文言断句、古代文化常识、概括和分析文本、翻译句子这几方面着手。当我把这样的复习计划在班级公布时，学生们议论纷纷，有的叹气，有的皱眉，一副难以接受的样子。其中，一个学生不耐烦地说："唉，又要接受煎熬了！"其他同学也随声附和。其实，一提文言文，不仅学生心烦，老师也头疼，正如学生中流传的一样——"一怕写作文，二怕文言文"。当学生的议论还在此起彼伏，我不禁思考："学生为什么不爱学习文言文？是不是学习或复习方法太过枯燥无味？那怎样的学习方式才能让学生喜欢上文言文呢？"

语文课程标准中明确提出，要"创设综合性学习情境，开展自主、合作、探究学习"，"通过多样的语文实践活动"，"激发学生的学习兴趣和动力"。面对高考文言文复习这一棘手问题，何不尝试"创设综合性学习情境"，通过"语文实践活动"激发学生复习文言文的兴趣呢？

∨ 临场应对

基于这样的思考，我并没有利用老师的绝对"权威"压倒学生，而是把问题抛给了学生。"同学们，面对高考，我们不得不再一次复习文言文。

既然大家认为按题型复习枯燥无味，那同学们想用怎样的方式复习呢？"学生们见我这样发问，便七嘴八舌地讨论起来，只听下面有同学说："复习文言文还能有什么快乐的方式吗？"我抓住学生的这个问题，顺势追问："想一想平时你们都喜欢做什么呢？"学生们又开始七嘴八舌，有的说喜欢KTV唱歌，有的说喜欢看电影、综艺，有的甚至说喜欢玩手机游戏……我并没有质疑学生的发言，而是顺着学生的发言，抓取关键点，继续追问："那我们复习文言文可不可以采用唱歌、综艺、游戏的方式呢？"听完我说的话，学生们再度兴奋起来。在接下来的时间里，我和学生共同探讨出一种视听结合的复习文言文的独特方式——"经典咏流传——我把文言文唱给你听"。学生首先通过自主、合作、探究，结合课下注释，对文言文再一次复习，通透理解和把握文言实词、虚词、句式等；接下来，根据文意选定一首古风或流行歌曲，按照所选歌曲的歌词韵律格式，对文言文进行改编，并最终翻唱。这种独特的复习文言文的方式，让学生在自主、合作、探究中潜移默化地习得了文言断句、古代文化常识、概括和分析文本、翻译句子等一系列考点。

∨ 技巧点拨

此案例我采用的是情境创设法。这一方法充分尊重学生的主体性，让学生在倾听和互动中，快乐学习，主动学习。本案例是师生课堂生成的绝好体现："视"，通过观看他人的成果，在对比中，查摆不足，寻得经验；"听"，别人分享时，自己认真倾听，是对他人的尊重，更能习得新的学习方法。"视听结合"的情境创设，让学生在快乐的"语文实践活动"中，复习文言文，爱上文言文。

∨ 拓展迁移

情境创设法能够激发学生学习的兴趣与热情，充分尊重学生的主体性，让学生参与其中，以设计者和参与者的身份，在综合情境中自在翱翔。这种方法不仅适用于文言文复习，其实语文课堂的每一个瞬间，每一个环节都可以实践。

在讲《四世同堂》整本书阅读时，本想让学生分享一下读书心得，可是发现学生们的积极性并不是很高，仅有三分之一同学写了心得体会，并且似乎不愿意分享。面对这样的情况，我陷入了沉思。"学生不愿分享，是不是因为这样的分享方式太过枯燥？用什么样的方式分享才能调动学生们的积极性呢？"

我再一次想到了情境创设法，基于百万字的《四世同堂》，如果让学生单纯地分享读书心得的确太过单调了。我让学生将《四世同堂》整本书阅读策划设计成一次活动，同学们听得这一消息，再一次沸腾了，他们纷纷讨论，为此次活动"献计献策"。最终，本次读书交流会既有传统的读书心得分享，又有根据书中某一情节编排的话剧，基于书中人物形象设计的书签，为冠晓荷、大赤包等反转人生，书法与诵读结合，改编歌曲，评书、相声，师生互动等。创设综合情境，再一次点燃了学生们的热情，学生们在策划与设计过程中，思维碰撞，审美和创造能力都得到了一定程度的提升。

教育感悟

在以学生为中心的自主、合作、探究过程中，教师不再是知识的灌输者，而是转变为教育的引导者，学生也不再单纯地被动接受知识，而是转变为知识的探究者。这样的综合情境创设，使得教师角色发生转变的同时，也给学生的自主学习提供了广阔的空间，并对教师的教学能力提出了新的挑战。

内蒙古赤峰红旗中学　刘洪涛

第二章
情感心理疏导

当学生普遍考前焦虑，怎么办？

著名的耶克斯-多德森定律告诉我们，动机强度与工作效率之间不是线性关系，而是呈倒U形的曲线关系。也就是说，中等强度的动机，最有利于完成任务，动机强度过高或过低都不可能产生最佳效果。大考前，如果学生的学习动机太强，就会产生焦虑和紧张，反而会使学习效率降低。智慧的教师，应当学会在学生普遍考前焦虑时帮助他们适度释放压力，使之维持在一个最佳的强度。

❯❯ 情景再现

教室后面的黑板上写着"坚持就是胜利"几个大字，下面是一行英文："Never say you can't"（永远不要说你做不到）。教室前面的倒计时牌已翻到了个位数，课桌上零乱地堆满了书籍和试卷，一摞摞书后是一张张或疲倦或严肃的脸。这一切都显示一个盛大的节日——高考，即将来临。

即使在课间，教室里也很安静，学生们有的在做题，有的趴在桌上睡觉。几个学生看见我进来了，伸手要推醒旁边的同学。我赶紧将手指放在嘴唇上，轻轻地摇了摇：不要吵醒他们，让他们再睡一会儿吧，他们太累了。多睡这三五分钟，他们或许会精神一个上午。

❯❯ 临场应对

望着那些疲惫焦虑的小脸，我跟他们开了一个玩笑："你们要称班主任为连长，称我为指导员，咱们班就是'尖刀连'，咱们全部都穿迷彩服。谁要是坚持不住，上课睡觉、开小差，我就把一黑牌子'唰'地往他桌上一放，上面写俩字——'阵亡'。"他们顿时大笑。

我走上讲台，深吸一口气，喊道"上课！"在我面前，他们像森林一样站起来了。我把手上的试卷放在讲台上，笑着说："最后一次考试你们表现得不够好啊！要是高考像这样的话，老师的暑假会很麻烦的。"我停下不说了，其实他们最后一次考试考得特别好。我知道他们迷惑不解，在等下文。我环视全场，所有的人都盯着我，好，这就是我要的效果！

"你们会让我一不小心成为名师的，"我接着说，"这样，人家请我去做报告，我去不去呢？人家要我签名，那我还得先练个艺术签名之类的！哎呀，想想就很麻烦啊！"

"哈哈哈！"他们夸张地拍着桌子笑起来。

这就是我要的，再开心一点，再轻松一点，再自信一点，再豪迈一点。进高三时，我跟他们说过："我们都全力以赴，拼了！"我们确实这样做了。细致地单项训练，所有的知识点无一遗漏；每周一次的综合训练，我们全批全改，总分、单项得分一一登记在册；查漏补缺的三轮复习、针对特殊情况的诊断性训练，我们有条不紊，稳扎稳打……我们已经做好了充分的准备，现在是我们稍微放松一点，伸开双臂拥抱这个盛大节日的时候了。

技巧点拨

此案例中我用的方法可称为幽默化解法。幽默是一种力量，能帮助人缓解紧张的情绪，也能让人际关系更加和谐，它不仅是一种语言的艺术，也是一种处世的艺术，还是一种智慧，能让人感到欢乐愉悦的智慧。没有人会拒绝一个幽默的人，能用笑来解决问题，就不要用苦口婆心来解决问题。在教育中，幽默的力量更是强大，就像一缕春风，可以瞬间融化学生心中的冰山。

拓展迁移

当学生普遍考前焦虑时，教师首先要让学生认识到，考前焦虑是正常的，完全不焦虑才是不正常的，适度焦虑有助于学习成绩的提高；其次要尽量采用一些幽默的方式来为学生缓解焦虑情绪，比如准备几个有趣的历史典故讲给学生听，搜集一些幽默的语段在讲课时抛出来，不惜"自黑"拿自己开涮等。

有一次上公开课，有个学生将"况刘豫州王室之胄"的"胄"，读成了"胃"。其他学生都笑了起来，这个学生显得局促不安。我说："这两个字确实长得很像，但'胄'不是'胃'，而是'胃穿孔'，上面出头了。"学生大笑，大约再不会搞错这个字了。

还有一次，学生数学没有考好，都很沮丧，我讲了一个自己的真实故事：

我买菜极少还价，老被家人数落，这一天路边有人卖玉米，我打定了主意要还价。1.5元一根玉米，我还价："大爷，5元三根卖吗？"大爷看了我一眼，犹豫了一下。我继续："您要不卖，我就不买了。"于是大爷就把玉米卖给我了。

高三最后20天是最为紧张的时候了，可是有人不够紧张，有人又太过焦虑。我想了一个办法，给学生树立一个假想敌——到最后激励我们的往往不是朋友，而是"敌人"。我说："有的老师断言，你们高考肯定没有市质检考得好。"学生果然群情激愤："谁说的？谁说的？"我环视全场，说："重要的不是谁说的，而是不要被人说中。"那天，我恰好穿了旗袍，于是我说："从今天开始直到高考结束，我每天穿旗袍，马老师往这一站，就是两个词——'旗开得胜、马到成功'！"学生都大笑起来，紧张的小脸上有了活泼的笑影。

教育感悟

英国教育家斯宾塞说："要尽量使学生在快乐中掌握知识，使求知成为快乐而非苦恼的事。"教育是一种必须有趣味并能让学生感到快乐的文化活动，而幽默则是获得趣味和快乐的法门之一。

如果"课堂"本身没有趣味，不能使人得到乐趣，学生就会到别处去寻找乐趣。老师们平常搜集一些幽默的笑话，掌握一些学生中流行的话语，注意观察学生的课堂情绪，在关键时刻"幽他一默"，一定会收到奇效。

福建厦门海沧实验中学　马于玲

当学生分班后不能融入新班级，怎么办?

情感的涓涓细流可以抚慰心灵的创口，润泽心灵的教育可以使学生受益终生。当学生迷惘时，如果我们做教师的能够"动之以情、晓之以理"，打开学生心灵的壁垒，那么我们的教育无疑是成功的。学生在成长的阶段会有很多暂时走不出去的情感困局，这时教师便要适时地引导，让学生和教师达到频率共振，能够豁达、包容地看待生活中的一切，这需要教师的智慧和宽广的胸怀。苏霍姆林斯基说："要想成为孩子的真正教育者，就要把自己的心献给他们。"

∨ 情景再现

高一上学期即将结束，学校文理分班，恰巧又赶上了元旦联欢会。因为分班的时间较短，所以很多学生相互之间并不是很了解，而他们对自己原来班上的学生又很熟悉，所以许多人拉帮结派，互相看不顺眼。在分座位的时候尴尬的一幕发生了：很多原来同班的孩子很自然地坐到了一起，并且拒绝和其他班级的同学坐在一起；不是自己原班级的同学表演的时候，他们显得有些麻木，很吝啬自己的掌声；不断有学生以上厕所为名，回到自己原来班主任的班级；在班里不时地听到学生说"为什么要分班呢""真没意思"之类的话。而在此时我又发现新班级的门口有大量我原来班级的学生，他们原本在外面等待，看到我发现了他们，就突然进入我这个新组建的班里。

面对此情此景，我真是既心痛又焦急，大脑飞速地思考处理这种情况的办法。看来还得从学生本身入手，此时，他们需要什么呢？看着这群孩子，我的头脑中闪现出这样几个词语——"爱""宽容""理解"，我想这或许可以帮助我解决这个棘手的问题。

我开始安抚原班级的同学，告诉他们这种做法对新班主任是一种伤害，而且我要主持新班的活动，现在并没有时间和他们叙旧，在我的劝说下，他们很快回到了自己的新班级。对我自己的班，则采取控制去厕所的人数（因为他们多半是以上厕所为名出去找原班主任）并派学生去走廊或其他班级把本班的学生找回来的办法把人聚拢，然后开始了我们的情感交流。首先我抛出第一张牌——理解，理解他们的种种不舍，理解他们没有归属感的感觉，理解他们的种种不适应；接下来我抛出第二张牌——爱，我表示自己深爱着班上的每一个孩子，不会因为任何原因而有所不同，有些任务分配给某些同学并不是因为偏爱，只不过是因为对原来的学生比较熟悉，希望学生们给我时间让我慢慢地熟悉和了解大家，欢迎大家毛遂自荐，一起组建新的班委会，并能在各项活动中展现自己的才华；最后我抛出第三张牌——宽容，我列举了他们近几天的种种不爱护班级的行为，比如私下说这个班级和老师没有原来的好，甚至与新同学之间存在言语冲突等。我告诉他们我理解他们为什么这样做，但是作为新班级的班主任，对于这种行为我很心痛，希望同学们也能理解老师想带好一个班的良苦用心和美好愿望。在我声情并茂的教育下，学生们渐渐低下了头，从孩子们的表情上能够看出他们内心的变化。这一刻，我意识到自己的情感教育成功了。

技巧点拨

此案例我采用的方法是深度挖掘归因法。这件事情的表象是学生不愿意自己的原班级解散，留恋自己原来班级的老师和同学，不接受分班这一事实，而深层次的原因是分班以后学生对新班主任的不接受和不信任，担心老师会偏心，在新的环境中找不到归属感。这时就需要教师想办法让学生快速地接受并信任你，切实地做学生的贴心人，去理解、关爱他们，打消他们的心理顾虑。同时，让他们学会换位思考和全面看问题，要让他们觉得老师是可以信赖的人，是他们的伙伴和朋友，整个班级是一个荣辱与共的共同体。此法可以透过现象看本质，找到问题的症结，从而切实地解决问题。

深度挖掘归因法能够帮助我们解决教育中出现的很多问题，尤其适用于解决因为认识偏差而存在的问题。我们的教育对象是一个个活生生的人，他们有着自己的感情，有着自己的见解和主张，有时候这是教育的动力，但有时候，一些不成熟的想法可能会成为教育的阻力。面对这种阻力的时候，教师应该力求最大限度地了解情况，抽丝剥茧，逐一厘清驳杂的关系，因地制宜，采用恰当的方法。若是贸然从表面入手，则可能事倍功半。

有一次，班里一个特别富有的孩子丢了钱，经调查得知，偷钱者是一个家庭贫困的学生，这种现象在日常管理中并不罕见，但是处理不好则会带来很多问题。了解情况之后我才知道，原来这个孩子之所以这么做并不是因为自己贫困，而是因为他觉得这个富人家的孩子处处飞扬跋扈，经常凭借有钱耍酷扮帅给同学难堪，这些行为让他看着很不顺眼。并且他心里一直认为：凭什么他家就那么有钱，我家却没有？这不公平！我运用归因法找到了他偷钱的原因，并告诉他任何人都有通过劳动获得报酬的权利，我理解他，也肯定他的正义感，但是坚决反对他处理问题的方式。在我的理解和包容下，他认识到了自己的错误。皮亚杰说："如果没有情感的沟通，智慧的交流是无法达成的。"教育不是万能的，但是教育却可以给孩子无限的成长空间和良好的机遇。

每个孩子都是一粒种子，需要我们悉心呵护，教师的爱、理解和宽容就是孩子成长的土壤、阳光和雨露。做有深度的教育、有厚度的教育，做阳光的教育，做润物无声的诗意教育，情感的熏陶必不可少！

黑龙江省绥芬河市高级中学　由春秋

当学生无视师道尊严，怎么办？

德国教育家第斯多惠曾说："教学的艺术……在于激励、唤醒和鼓舞。"当学生无视教师的尊严时，教师要能够鼓舞他寻找遗失的美好，唤醒他本性中的善良，从而获得其情感上的认同，使之能够放下敌意，打开心扉，愿意与你真诚地交流。

情景再现

刚接手这个班级时，班主任就告诉我班里有一位个性较强的同学。虽然做好了充分的准备，但当我面对他连续好几节语文课上旁若无人地与前后桌同学讲话、调笑，对管理以白眼或冷笑作为回应，甚至以拍桌面、踢桌脚来发泄情绪的时候，还是很焦虑。在忍无可忍之下，我决定找这个"霸王"谈谈。站在办公室里，他双手插兜，本就高出我七八公分还高昂着头，用下巴对着我的头顶，眼睛透过镜片自上而下地"睥睨"着我，浑身散发着"我不怕你，你奈我何"的挑衅味道。看到如此场景，我意识到一旦火力全开只能引发"战争"，于是我对他说："你在和同学说什么有趣的事？也说给我听听。"他却歪着头答非所问："老子怎么了？"

临场应对

从语气以及姿态来看，他明显存在着"个人神话"的心理特点，骄傲地认为自己是独特而无所不能的，内心对我完全封闭。我迅速让自己冷静下来，肯定了他在课外阅读主动性强、古诗文背诵速度快等优点，并提到苏东坡、辛稼轩幼时读书也有博闻强识的优点。或许未曾想过我会这样比较，他听后尴尬地笑了笑，我看到他的目光中已然多了一点柔和。

紧张的气氛得到了缓和，我指出他在课上的行为已经影响到课堂的纪律，并建议他将有些话题放到课后交流。尽管我语气平和，但当他意识到我在批评他时，那种"针尖对麦芒"的紧张空气再一次弥漫开来，唯一的改变就是他不再用激烈的言辞来彰显个性。看他油盐不进的态度，我决定冷处理，允许他用自己的方式来学习语文，并且给予他自由处理作业的权利，但前提是不能扰乱课堂秩序。这样的"建议"显然让他有些意外。"可以自由看书吗？""限于语文。"就是这句问话让我认定他"顽劣"的表象下有一颗好学求进之心。之后的语文课上，他经常捧着一本书安安静静地看。我会不时地向同学们推荐他阅读的书目，慢慢地，他在班级里获得了认同感，也明显地改变了对我和语文的态度。

技巧点拨

此案例我采用的是因势利导法和冷处理法。前者指在某些可能引起师生情感冲突的特定场合，教师应回避正面的批评教育，拿出一定的宽容和智慧，以和悦的脸色、平静的语气和积极的谈话内容让学生强烈地感受到来自教师的希冀，借此拉近师生的距离，让学生先亲其师，再重其道。后者指当学生行为出现反复，与之无法达成共识，交流陷入胶着状态时，采取表面上"放任自流"的方式来让学生审慎地对待自己的言行。

因势利导法和冷处理法分别是利用心理学中"罗森塔尔效应"和"淬火效应"总结出的方法，两种方法虽然一"热"一"冷"，但都可以帮助学生逐渐认同自己，从而获得在群体中的归属感。

拓展迁移

以上两种方法适用于处理"刀枪不入"、自控力弱、有强烈个人意识的学生出现的问题。如案例中面对学生无视教师尊严、负面情绪反复出现的情况，先温言鼓励再微泼冷水，使之知晓教师对他价值的认可，也让他明白教师所谓的"放任"并不是给予他毫无限制的自由。值得注意的是，无论冷热都要把握好度。面对一个情绪化的学生，点到为止即可，不能喋喋不休。

一次课堂默写进行了一半时，一个坐在靠后位置的学生课桌里发出窸窸窣窣的翻书声，我下意识说："请那些把书放在课桌里的同学将书放至桌面。"他不为所动。我慢慢走到他位子旁，轻叩书桌，说："把书拿到上面来。"他似乎对我将他的"罪行"昭知天下的做法异常不满，竟迅速地抽出书重重地摔在了课桌上，"啪"的一声脆响，引得全班同学看向我们，我霎时觉得热血上涌，那本书就像是摔在了我的脸上。空气凝固了，同学们似乎都在等待我的反应。我意识到，如果以硬碰硬的方式处理，只能激化矛盾，闹得不可收场。我努力克制自己冲动的情绪，移开书看了一眼默写本，说："×××原来只是一两个空没默出来，看来是奔着满分去的，这种向上的态度还是值得学习的，就是这个方法——用得有点提心吊胆吧？（生笑）看来当一个优秀的人真是不太容易啊！（该同学唇边已有羞涩的笑影）等下了课我请你来办公室一起探讨让你变得更优秀的方法，好吧？现在继续默写。"同学们包括他又重新把关注点转回到了默写上。

教育感悟

学生公开挑衅教师，其实并不是有意而为之。中学生的年龄特点让他们更注意维护自身的尊严，更渴望得到别人对自己独特性的肯定，但由于年轻气盛，常常会毫无顾忌地选择一些不太成熟的行为方式。

当学生的尊严与教师的尊严相遇时，教师既不能端架子，也不能无原则地退让。要深刻理解学生成长中的心理变化，一方面多给学生鼓励、欣赏、包容和期待，一方面需告诫学生要为自己不当的言行负责。

蔡元培曾说："教育者，非为已往，非为现在，而专为将来。"身为教者，我们要用发展的眼光穿越时空看待那些未来将会熠熠闪光的生命。

江苏省江阴实验　范　杰

当理科生不重视语文学习，怎么办？

众所周知，理科生的学习状态是：数理化当道，英语是"外戚"，不敢轻易得罪，能得罪的是自认为学得不错其实并不怎样的语文。于是，很多理科生一边哀叹"语文，想说爱你不容易"，一边又心无旁骛地做着理科题目。语文老师无助无奈，但又必须带着一颗强大的心努力前行。

∨ 情景再现

高三下学期的一次试卷分析课上，我正在分析相关问题，突然教室后方一阵骚动，原来是两个男生在争执，并且声音越来越大，其中一个面红耳赤地说："他侮辱我，说我一个理科生，就凭着语文好，考了全班第一，简直是耻辱……"说话的男生叫高建，语文很好，成绩稳定，虽然理综和其他同学旗鼓相当，但是每次都能凭借语文胜出。

另一位学生叫丁楠，也很聪明，数学特别好。高一时，他凭借数学上的绝对优势稳居第一，因此很不乐意把时间花在拉不开差距的语文上。现在一轮复习结束，大家的数学及理综旗鼓相当，同一个梯队的就凭语文成绩决定总分排名了。丁楠肯定着急了，虽然现在也匀出时间给语文，但语文成绩又岂是那么快提高的？这不，接连几次月考，丁楠都被曾经的手下败将高建死死压住，着急上火口不择言了啊！

∨ 临场应对

在这之前我就告诉他如果再不重视语文，最后一定会很苦恼，也曾经问他需不需要制订语文复习方案，他都很自信地拒绝了。我在等一个契机，只有让他自己意识到问题的严重性，或许才能激起他的斗志及学习语文的热情，如果他能用最大的主动性亲近语文，肯定会有明显的效果。我正着急他的挫败感何时能触底，太晚了可来不及了，"幸好"他终于承受不住了，还不算太晚。

聪明的孩子情商也高，办公室里，我还没开口，丁楠就主动承认了错误："对不起，老师，我不应该那样说高建，我也许是嫉妒吧，几次月考，他都超过了我，每次我发誓要夺回第一，都因为语文没他好而失败。课堂上看着我的试卷越想越不舒服，所以……"

我说："你的确不对，能认识到错误并能剖析内心，很好，自己不舒服不是出言不逊的理由，相信你回去后应该知道如何面对高建。现在我们要做的是面对自己的内心。先想想'不舒服'的根源，再想接下来怎么办。"

于是我们找到了外因"语文"、内因"嫉妒"。丁楠说："老师，您帮我分析一下，给我指点一下该怎样学习语文吧！"

……

问题解决了！他的方案我是早就准备好了的，就等这一刻而已。

高考结束，丁楠语文117分，考入梦想的空军军医大学。

技巧点拨

此案例中，我用到的是启发诱导法。"不愤不启，不悱不发。"其实，丁楠不缺方法，也不缺毅力，缺的是兴趣和重视度。只要有一个契机，让他认识到自己要做什么，找到正确的方向，再帮他一起战胜困难即可。

这种方法符合现代孩子的心理特点，他们不喜欢被迫接受，如果一味强压着学习，可能会适得其反。如果能让他们自己认识到问题的关键，激发其内心的正能量，真正实现"我要学"，那么学习效率将会大大提高。

拓展迁移

根据学生的特点制定相关策略，对症下药，相时而动，这同样适用于性格内向，内心能量不足的孩子。教师可以通过事例或情境触动其心灵，让其有改变的冲动，然后抓住时机，点燃其内心的火苗，使之增强信心，从而变得积极主动起来。

段慧非常自律，周末宿舍里的其他同学都在看手机或课外书，她却依然看书或做作业；她胆小，还有些许自卑。有一次大家讨论影星歌星时，她茫然无所知，被同学说成"来自外星球"。虽是一句玩笑话，但她因此却低落了一段时间，学习也受到影响，我能感觉到她内心的自卑在增长。

于是我们在周记中交流，我发现她喜欢演讲，针对热点话题颇有见地，语言很有感染力。我建议她给大家来个演讲，她觉得不好意思而不愿意答应。后来我开展"课前三分钟演讲"活动，让每一个同学都有机会展示自己。当别的同学在台上滔滔不绝时，可以看出段慧的眼睛是闪光的，那光芒是稍纵即逝闪烁摇曳的火苗。

一周过去了，我多次委婉提示都没能让她主动走上讲台，正当我准备点名让她演讲时，机会终于来了。那天一个男同学说到"颜值"，一番标新立异的话，惹得同学们哄堂大笑，我正思考着应该怎样总结引导呢，发现段慧目光里的着急和懊恼，我断定她肯定有看法，但又恼恨自己不敢说出来。于是我简单总结之后说："这个话题，应该会有不同的观点——余光看到段慧狠劲儿点头——那就准备一下，说出来哟。"

下课后我刚出教室，段慧就跟出来了，怯怯地说："老师，我有不同看法……"第二天课前三分钟，段慧的《高颜值，你看清楚了吗？》博得满堂彩。虽然声音颤抖，肢体僵硬，但她清晰的思路、准确的表达和开阔的视野都让大家惊艳，热烈的掌声既是对演讲的肯定，也是对一向沉默寡言的她的惊讶与羡慕吧！当段慧在掌声中跑回座位时，我的心里也乐开了花。

现在的段慧俨然是一个演讲达人，学校的演讲赛她都是一等奖，她的变化也感染了大家，我们的"课前三分钟演讲"越来越精彩了。这也成为我语文课堂的一个特色，不但得到同事们的肯定，还在全校得以推广。

教育感悟

每一个孩子，都是一朵花，我们能做的除了施肥除草，就是静待花开。"不愤不启，不悱不发"；"捧着一颗心来，不带半根草去"……先行者的教育智慧与情怀总能给前行者带来光亮和方向，带上初心，用心而为，我们将一路循着喜悦收获幸福。

安徽省亳州市第一中学　　陈　平

当学生出现心理壁垒，怎么办？

对我而言，幸福地做教师，做幸福的教师，是自己一路走来未曾改变的追求。回顾这些年教育工作中的困惑、迷茫、惊喜和欢笑，记忆深处的点点滴滴渐渐由模糊变得清晰起来。在此，我愿与大家共同分享教育路上我和孩子们的那些"尴尬"故事。

情景再现

那还是我第一次当班主任的时候，作为学校最年轻的班主任，我满心的忐忑不安，面对的是刚刚文理分科后的孩子。站在讲台上，首先看到的是一个个因为和同学、朋友分离而眼睛红红的、擦着鼻涕的小丫头，接着一个女孩气势汹汹地推门而入，与我怒目相对。同时，一个坐在角落里的女生声音低低地教训着周围的同学："我们都是某某班来的，以后必须齐心协力，一致对外，记住了！"

临场应对

过度紧张的我无法忽视任何情态与声音，面对这突发的情况，心里不由得纠结了一下。我默许了哭泣女孩们内心的纠结，对摔门而入的女孩只说了"回座"两个字，对拉拢小团队的女孩采取了"退一步海阔天空"的隐忍。我说了班级重组后的要求，没有当场点破任何一个"定时炸弹"，并点了教训同学的那个女孩，要她临时负责班级的管理事务。接下来的日子里，我利用吃午饭的时间制造与她们的巧遇，聊聊家常，聊聊生活；借用中午在寝室休息的机会与她们交流学习上的方法，解决她们个人的情感危机，倾听她们在学校和家中的快乐和悲伤。不知不觉中，我们早已无话不谈。在孩子们顺利毕业后，我们聊起了过往。那些流眼泪的女孩说，当时随时准备要"弃文学理"；那个曾经气势汹汹的女孩告诉我，只要我那时有一句语气不好的话，她就会直接顶撞我；而那个曾经教训其他同学的女孩说起当年，满脸羞涩。值得一提的是，今年是她们毕业的第六个年头，每一年我生日的时候，那个曾经教训人的女孩总会第一时间给我发来生日祝福。

技巧点拨

斯宾塞曾说："聪明的父母总是善于与孩子进行心灵沟通。"作为孩子们的另一个"母亲"，对于这样一群有心理壁垒的孩子，我想我的方法应该称为心灵沟通法。在这种方法的催化下，借助生活特有的魅力，我与学生之间慢慢有了信任，信任到愿意说起心里的故事；巧借女教师的优势，我与学生之间的距离不断缩小，缩小到既是师生亦是朋友。现在想来这回避锋芒的过程，也是一种变相的爱护；这日常的语言交流，正是慢慢建立信任的过程。学生刚刚到新的环境，对新的教师、新的同学有心理壁垒，也是人之常情，与其发生正面的语言冲突，不如回避不必要的争执与摩擦，走进学生心灵的深处，以便快速形成新的和谐的班级氛围。

拓展迁移

海明威曾说："每一个人都需要有人和他开诚布公地谈心。一个人尽管可以十分英勇，但他也可能十分孤独。"教师不能做独行者，要深入浅出地剖析学生的内心世界，帮助他们打开尘封的心灵，清除他们的心理障碍，使学生从自己的牢笼中解脱出来。

初次见他，便觉得他是一个阳光大男孩，总是爱腼腆地笑。有一次批改周记，男孩在自己的笔记本中写道："夜深了，放学了，同学们都已经走了，但我却迟迟不想走。磨蹭地收拾好东西，不想打车，把钱用来买吃的东西，静静地走在大街上。也许你会问我为什么不回家，那我只会说：'我没有家。'也许你会问：'你住的地方不是家吗？'那我会说：'我住的地方，仅仅是住的地方，但不是家。'"这样的文字让我惊诧，一个刚刚十六七岁的男孩子怎会如此？是与父母吵架了，还是家庭发生了什么变故？种种猜测在心头萦绕。继续看下去才知道，原来孩子的父母离异，父亲再娶，他跟着父亲过日子。即使一起生活了十年，孩子还是不能接受家里多的这个"陌生人"，更糟糕的是，最近两个人还发生了激烈的冲突，不仅动了口还动了手。我看了周记后心里酸酸的，既感到震撼也感到内疚，内疚自己的工作太不细致，学生要强的背后竟背负了如此的压力，学生的笑脸下竟深藏着这样的苦楚。

学生的信任、教师的职责让我对此事不能无动于衷。既然问题是在周记中发现的，那么就用周记作为媒介吧。一场心灵的交流就这样以最为传统的表达方式——文字沟通，开始了。我在周记的后面除了赞赏孩子的要强，还表达了学会接纳、敞开心扉同样是人生的必修课这层意思，当然我也告诉他无论何时我都是他的一位"挚友"，一位愿意倾听、愿意帮助他的大姐姐。事情就这样过去了，那一年的感恩节我在牡丹江学习，第二天回到单位上班，班级的一位女学生在我的桌子上放下一张卡片后就匆匆走了。我当时还很奇怪，打开一看原来是那男孩送的，没有特别的文字，只有简单的问候，但这问候足以让我感动。一次不期而遇的心灵沟通，让我收获了一名学生的爱戴。如此"丰厚"的心灵回报，是我们做教师的须好好珍藏的精神财富。

教育感悟

用幸福才能塑造幸福，用美好才能塑造美好。走上教育路，压力很大，责任很大，但是我愿相信每个孩子都是一朵花期不同的花，在与这些孩子不期而遇的日子里要精心地守候着他们，若干年后，在他们人生的某个瞬间，回想起曾经的校园，曾经的师长，能有那一点感动，一点温暖，一点眷恋，我就知足了。

黑龙江省绥芬河市高级中学　于文卓

当学生有辍学思想，怎么办?

世界上最遥远的距离是心灵的疏远，最伟大的力量是改变的力量。教师只有用心去倾听、用爱去包容、用行动去改变，才能让每个学生都能享受到雨露的滋润，让学生在和谐的班集体中快乐地学习，茁壮地成长。

情景再现

王亚萍是一个留守儿童，又是班里的团支书，她成绩优异，平时积极参加学校组织的各项活动，可是今天我发现她：上课注意力不集中，课间也不和同学交流，低着头，独自一人坐在座位上，最重要的是本次期中考试成绩一落千丈。

午饭过后，我找到她询问情况，想知道她最近状态不好的原因。她哭着对我说："刘老师，我不想读书了。"这句话着实让我吃惊不小，但我并没有表现出很惊讶的神情，而是很冷静地和她聊了起来。经过谈话我了解到该生家庭比较困难，母亲体弱多病，不能从事重体力劳动，而且每年的医药费用支出较多，全家仅靠父亲一人外出劳动维持生计。而今父亲又因车祸住进医院。为了减轻家庭的负担，她便有了辍学的想法。

了解情况后，我决定用自己的实际行动，用自己真挚的爱，去抚慰这个留守在乡村里的孤独的孩子，让她重新振作起来，顺利地完成初中学业。

临场应对

我及时向学校反映了她的相关情况并申请免除她的饭费，这个意见得到了校长的同意；然后，我决定召开以"爸爸妈妈，我想对您说"为主题的班会，用书信的形式，走进每个孩子的内心世界，最重要的是想走进王亚萍的内心世界。

下班后，我认真地读完她的信，并告诉她周六会带她到市内去散心，打算陪伴在她的身边，以此打消她辍学的想法。于是，整个周六我和她一起看电影、逛公园、包饺子、谈心。经过一天的相处，终于让她明白：成绩是回报父母的最好方式。

几天过去了，王亚萍的脸上终于露出了往日那灿烂的笑容。那段日子，在老师和同学的鼓励和帮助下，王亚萍走出了心中的阴霾。那一刻，我们又重新看到了那个充满自信、乐观的女孩。

∨ 技巧点拨

此案例我采用的是步步为营法。当学生在生活中、学习中遇到问题时，我会遵循学生身心发展的规律，尊重学生个性，尊重他们的成长过程，了解该学生出现问题的原因，然后指导学生采用阳光的思维模式，把消极态度转换成积极态度，寻找解决问题的方法，最终解决问题。

步步为营法可用于引导留守儿童在问题中发现自我，认识自我，进而使农村留守儿童不再孤单，让他们在求学的路上不走弯路，并顺利地完成学业。

班主任作为班级的组织者、教育者和指导者，在处理班级问题时，要运用智慧，站在新的高度为学生规划人生，为班级设计蓝图，与班集体共进退。

在教育管理中，我更坚信爱的力量、语言的力量，用阳光的思维引导学生，努力做学生的贴心人，多给他们关爱和关怀。这样不仅可以挽救一个个农村留守的孩子，还会挽救一个个困难的家庭。

∨ 拓展迁移

步步为营法更适用于那些后进生，这类学生一般极为敏感，而且容易反复，教师如果不能稳扎稳打，一旦遇到其他因素的影响，就很有可能前功尽弃。我们要根据不同的情况制定恰当的方法，还要考虑这方法的起点和落点，不能太重也不能太轻，打消"毕其功于一役"的轻进思想。很多时候，教育犹如长征，需要一步一步去走，正所谓"心急吃不了热豆腐"，步步为营是一个不错的选择。

学生王雪松是一个后进生，经常违反学校纪律。任课老师大多对他很无奈，有的老师还常常批评他。当我和他聊天时，我发现孩子的言语中透露出对社会和学校的失望："他们常说我是一个糟糕的孩子，给他们带来太多的麻烦，上幼儿园后，老师也不喜欢我，换了很多家幼儿园……"

王雪松的童年似乎就一直处于这样的打击之中，由于他的顽皮，大家给他贴上了一个糟糕的标签。久而久之他也相信自己是一个不值得被人爱的人，他的世界里满是失望和自卑。为了改变他的世界，我决定用爱化解他的问题。

新学期开学才一个月，他的数学书就弄丢了，老师提问他，他就以没有教材为由拒绝回答。于是我利用午休时间，把最近学的内容复印下来装订好，然后以数学老师的名义在背面写上一段鼓励的话放到他的课桌上。在和他聊天时，我有意聊到曾看见数学老师利用午休时间为他打印教材，他很是感动。

接着，我再想办法从他身上找优点。在一次活动中，我悄悄地走到他的身边嘱咐他，这次劳动要表现得积极一些，老师会进行拍照留念。在那次活动中，我抓拍了大量他劳动时的图片。后来我播放给同学们看时让他们找找谁的身影最多，结果当然是王雪松得到了表扬。通过这样的活动，他渐渐认识到自身的价值。

一次次的活动，慢慢温暖了王雪松稚嫩的心灵。后来他虽然成绩没有提高，但是却变得非常阳光，也在努力爱着这个班级，爱着其他同学们。

教育感悟

通过以上案例，我知道了润物细无声、不露痕迹的教育，可以给学生的心灵带来积极的影响，让他们对生活充满信心。

德国教育家第斯多惠曾说："教学的艺术不在于传授本领，而在于激励、唤醒和鼓舞。"教育面对的是一个个成长的个体，是一批尚未成熟的孩子，在他们的成长过程中，作为老师应该是天然的唤醒者，要唤醒孩子的学习欲望。绵绵师爱，可以帮助那些有辍学想法的孩子。

作为教育工作者，要拥有美丽的心灵，对未来充满无限的期待，对生活保持乐趣，以一种阳光的心态成长，用爱铺就学习之路，用智慧化解难题，引领学生走向幸福的人生。

吉林省舒兰市第六中学校　刘玉芳

当学生狂追科幻，怎么办？

含蓄是一种艺术，也是一种美；幽默是一种力量，更是一种品质。在教学中，幽默可以给人带来亲切、轻松、平等的感觉。它委婉含蓄又意味深长，妙趣横生又鞭辟入里，寓教于乐又乐而不嬉。教师的幽默感和亲和力可以在感染学生、不伤害学生的同时，起到一定的教育作用。

✔ 情景再现

高二是高中学习的重要阶段，连续几天，我发现有名学生上课总是心不在焉，无论任课教师怎样提醒都无济于事。发生这样的情况，一定有其原因。经过调查，我发现他晚上一直偷看《三体》这部小说。空军青少年航空学校的学生对视力要求极高，一旦视力下降就会被淘汰。而这个学生的成绩很好，很有希望考双学籍飞行员，必须保护好视力。我和驻校干部决定来个"抓捕"行动。结果，他果然被抓个现行。那一刻，他低下了头，因为他知道这是一个要受到处分的错误。他把目光投向我，我在他的眼睛里看到了一个孩子的无助和惶恐。看着这个很有思想、从不低头的男孩眼神中失去了以往的自信，我想：能借此机会，打开他的心扉，走进他的心里吗？我能让他在思想上有所提升，引领他前行吗？对一个惶恐不安的孩子，我该怎么做才能把握好教育时机，既不伤害他，又能燃起他内心的正义，让他重新面对自己的学习生活，从而走向成功呢？

✔ 临场应对

这次我没有像以往一样劈头盖脸地批评。冷静下来的我想起了曾经讲过的一本课外读物——继《三体》之后获得雨果奖的科幻小说《北京折叠》。我问这个学生还记不记得《北京折叠》，并和他谈论起小说中生活在第三空间的垃圾工老刀这个人物——老刀为了让自己的养女可以接受教育，冒着生命危险穿梭在三个空间之中为人送信。我以其中折射出的社会倒影为切入点，让这个学生意识到，他所处的空间，是一个怎样的空间。慢慢地，他眼里的无助逐渐散去，开始应和我的话。

我知道，只是打破谈话的僵局是不够的，教育才是关键。怎么办呢？一旦严厉斥责恐怕会前功尽弃，那就"先幽他一默"再说。于是我说："孩子，你觉不觉得，最可怕的差距不是我知道你在第一空间由机器人伺候着吃生鱼片，我在第三空间吃着素炒面，而是我在第三空间愉快地吃着炒面，却不知道第一空间是什么。"听了我的话，他先皱着眉头看着我，然后了悟般地笑了。这之后，他像终于放下了心里的石头一般，跟我说："老师，我知道了，我先学习，等我到了第一空间再看闲书。"说完，他把手中的《三体》郑重地交给了我。

技巧点拨

此案例我采用的方法是幽默化解法，这是一种能让人情感自然流露的教育方法。一个有智慧的人，面对尴尬处境和他人的粗鲁言行时，通常不会选择沉默，而是用极出色的幽默言语来代替沉默，打破僵滞的气氛。

在学生出现状况时，通过幽默的方式化解尴尬，以幽默带出道理影响学生的思想和态度，从而掌控育人的局面，这种寓教于乐的方式可以体现教师的智慧，让学生愿意与老师更好地沟通，主动达成师生关系的和谐。学生的情感与态度转变了，正是他思想提升的时机。

这种方法的应用需要教师有足够的文化积淀，能体现一个人的知识存储和良好的涵养。

拓展迁移

教学上的幽默可以使课堂轻松、愉悦，可以使学生在笑声中尽快进入学习状态。教师在课堂中使用幽默化解法，会使教学语言更具有情趣。

我每周都给学生们一节阅读课，让他们读自己喜欢的作品。班里有很多科幻小说爱好者，而小泽同学更是开始了自己的科幻小说创作。在一次阅读交流会上，他拿出自己创作的科幻小说和大家分享，同学们都发表了各自的看法，大多数同学都表示他写的小说没有内涵。面对这样尴尬的局面，小泽有些不知所措。我突然想到了一个小品的片段，或能打破此时的尴尬局面。于是我说："你们记得有个小品中说的话吗——'没事儿出来走两步！'"学生们听了，有人在笑，有人则表示费解。我接着说："说人家一般的你来写写'二般'的成不？"同学们都嘻嘻笑了，小泽更是向我投来了感谢又感动的目光。"别小瞧别人的努力！每一部小说的创作都是一个探索的过程，小泽还需要更深入的探索，成为小泽第一次创作的读者，我深感荣幸。小泽，你就是我们班上璀璨的星！"这时，班里响起了热烈的掌声。

教育感悟

    课堂教学是丰富多彩的，而语文课堂更应该成为学生意气风发的殿堂。学生的潜能是无限的，每个学生都有自己的精神世界，语文教师应运用幽默的教育手段，让学生不仅感受到来自语文的诗意，还能体会其中不尽的动力和无穷的乐趣。幽默可以给学生枯燥的学习生活增添几分色彩，让语文教学多姿多态，同时也可以让教师与学生相互理解，建起友好相处的桥梁。

黑龙江省鹤岗市第一中学　孟庆新

当学生说"他死得冤枉"，怎么办?

教学是预设与生成、封闭与开放的矛盾统一体。我们往往以为自己的预设已经完美无瑕，可是高中生思维活跃，课堂上常常会出现我们无法预知的"意外"。作为教师，应该具备以此为教育契机，巧妙地化"意外"为"精彩"的临场应变能力。

⌄ 情景再现

《鸿门宴》是经典篇目，人物形象鲜明突出，极富艺术魅力。文中的曹无伤虽是次要人物，但是我和学生并没有忽略对他的分析和评价。"他刚刚上场就匆匆下场，其叛徒的身份永远把他钉在了耻辱柱上。"我的话音刚落，就有一名学生嘟囔着："他死得冤枉，告密也不过是为了自我保全而已，有什么错呢?"声音小到几乎可以忽略不计，可是仍然被我捕捉到了，我心中一惊：这是否是一种利己主义倾向的表现? 班里是否还有持这种观点的孩子?

⌄ 临场应对

我决定暂停对人物形象的分析，临场进行一次调查。调查是围绕这几个问题展开的：曹无伤死得冤枉吗? 你是否赞成许汜求田问舍的做法? 苏武只为"气节"二字，便在北海极寒之地坚守了19年，到底值不值得? 明知壮士一去兮不复还，荆轲还义无反顾地去刺杀秦王，对此你是否理解? 以多个问题进行调查，力求呈现学生人生观的真实状态，避免结论片面或偏颇。

调查结果显示，有相当一部分同学对曹无伤和许汜报有同情或支持的态度，却不能够完全理解苏武和荆轲的行为。这引起了我的思考：今天的学生大多是独生子女，处事常以自我为中心，他们还不能够完全懂得信仰、诚信等中华优秀传统文化的内涵。

如何避免精神断层和人格缺失呢？理不辩不明，于是我组织学生以"曹无伤死得冤枉吗？"为题展开辩论。辩论中，正方以史为据，反方则以古人讲究道义之实予以回击。一时间剑拔弩张，硝烟弥漫。而我只静静地做一个听众，并不表明立场。因为我相信，在思想的交锋与思维的碰撞中，学生一定会寻找到正确的方向。随着辩论的继续，学生的认识也在不断深入，在一番唇枪舌剑、妙语连珠中，利己主义的迷雾渐渐褪去，"信仰"和"诚信"的光亮越来越清晰。

技巧点拨

此案例我采用的是节外生枝法。节外生枝，顾名思义就是主体事件之外又生出事端。本案例中主体事件是分析人物形象，所生出的事端是调查了解学生的人生态度，通过辩论来纠正部分学生偏倚的价值观，从而培养学生明辨是非的能力。此法既能链接课堂生活与课外生活知识，又能以文化育，是大语文教育观的有效实践。

此方法注重在情境中产生问题并解决问题。例如本案例中，学生因观点不同而引发了激烈的辩论，这既培养了学生的语言表达能力，又提升了学生的思维能力，体现了语言与思维共同发展的教学追求。

在教学过程中，教师如果能抓住学生的心理特点，有意识地运用这种方法，那么将会给学生的成长带来强大的自信心。

拓展迁移

此法可以在教师备课时预设，也可用于课堂出现"意外"之时，以解决突发问题。上述案例中临场使用此法，起到了拨云见日之效。但应注意，节外生枝所生出的"枝"一定要在"节"上，它既不应该是游离文本之外的天马行空，也不应该是脱离中心任务的旁逸斜出。此法不仅适用于语文课堂，对于班主任来说，在处理班级事务中，同样也可灵活运用。

在学校的优秀班级评选中，我班落选了。班会课上，我希望班级各小组分别在组内进行自查，以期发现问题并能及时纠正。可是没有想到一组同学大声嚷道："五组在作业评比中扣分最多，都怪他们拖了后腿。"五组也不甘示弱："第二组还不如我们呢。你们看看自习纪律是不是他们组最差！""那就让老师说说哪个组最差。"学生的目光齐刷刷地落在我的身上。

情势由我希望的组内自查演变成了小组间的相互指责。解决这个问题，我决定"节外生枝"一次。"到底哪个组最差一会儿再说。我提议，咱们先做个传球游戏怎么样？""做游戏？太好了！"孩子的注意力一下子就转移到了游戏上。"这是一个需要协作才能完成的游戏。以小组的形式比赛，但在每组中加入两名其他组的同学，如果输掉，原小组同学受罚。"我强调着游戏规则。"规则怎么这么奇怪？"虽然心存疑虑，但并不影响学生参与游戏的热情。

当学生们大汗淋漓地回到班级时，我微笑地看着他们问："有什么感想吗？"沉默了一会儿，一个平时就善于思考的学生站了起来："老师，我明白了，小组间不排斥、互相合作，班级才能真正强大。""我们各组之间取长补短，共同进步吧。老师，我们组长开个会，把可借鉴的小组管理经验交流一下。"一组组长的提议获得掌声通过。这一刻我知道，在这个竞争日益激烈的社会，增强孩子双赢的意识，虽然任重道远，但我们已经行走在路上了。

教育感悟

课堂是学生的舞台，在这个舞台上，每个学生都是独立的主体，可是他们受年龄的限制，认知或许存在偏差。教师的责任，应该是引导学生思维的小溪越过荆棘、穿过沙漠、绕过密林，一路欢歌，奔流到真理的海洋。

课堂又是学生成长的重要场所，课堂上的不期而遇，涌动的是学生奔放的情感、觉醒的灵性和生命的智慧。学生给课堂以精彩，课堂回馈学生以成长，这是一场彼此的成全。

黑龙江省大庆市肇源县第三中学　张春艳

当学生的竞争意识出现偏差，怎么办？

何为竞争？古人云"并逐曰竞，对辩曰争"，作为新时代的教育者，我们不应该仅仅关注学生有无竞争意识，还要关注他们的竞争意识是否正确，更要在恰当的时机给予学生科学、有效的引领！

情景再现

初二篮球赛如期而至，我们班经过抽签与十三班进行第一轮选拔对决！这场篮球赛，对于我们班的男孩子来说，是他们第一次用自己喜欢的方式展现自我风采的机会！所以赛场上，他们生龙活虎，简直跟平常教室里的他们判若两人！每一个成功的投篮都如一颗命中目标的原子弹，瞬间引爆了班级啦啦队的尖叫和呐喊，快乐如蘑菇云般在每一颗激动无比的心中升腾……结局没有任何悬念：我们班9：0完胜！

第二轮，我们班抽到的对手是十一班，一个拥有四名校篮球队队员的超强团队！面对如此强大的阵容，学生们大有壮士一去兮不复还的悲壮！我和孩子们一样绷紧了心弦，但仍然怀着侥幸期待奇迹的降临……可惜，生活不是神话，我们必须有勇气面对惨淡的现实！啦啦队力竭声嘶的助威并没有让形势发生好转，终于，在十三班赤裸裸的报复性口哨声中，我们无奈地接受了令人不敢直视的2：11！那一刻，我注意到一次抬手，那个曾经帅气地扣篮的男孩儿在对班的欢呼声里偷偷地、狠狠地抹了一下眼角；我捕捉到一个拳头，替补队员里那个最瘦弱的孩子在十三班幸灾乐祸的掌声和嘲笑声中攥紧了的发抖的拳头……

临场应对

讲台前，面对一张张兴奋不已的面孔，我严肃而平静地说："孩子们，9：0的结果真的值得你们如此兴奋吗？是啊，也许有人会说：赢了，为什么不高兴？9∶0，他们一分都没得到！"说到这里，有一些充满疑惑的眼神向我投射过来。"我理解大家的心情，可是静心想一想，这场竞争真的公平吗？如果你们和小学三年级的孩子一起比赛100以内加减法，你们绝对胜利！那时，谁会如此自豪？甚至，你们根本不屑去比！"这时，原来疑惑的眼神变得黯然，我继续说道："我喜欢实力相当的对手，更享受全力以赴赢得胜利过后的云淡风轻！你们呢？"……我看到更多闪光的眼神！

教室里，学生们一个个在沉默中茫然地伤心……我走上讲台："孩子们，我为你们骄傲！要是单纯看比分，我们的确输了。但我们应战的是相当于校队的，实力远胜过我们的对手！你们的勇敢让我敬佩！可我又绝对不会说：啊，这不公平！"这时孩子们看我的眼神充满了震惊。"是啊，我昨天还说要实力相当才算公平！可是生活的浪潮总会时不时地把我们抛到强大的对手面前，我们只有两个选择：要么退缩，放弃！彻底认输！要么，像《老人与海》中那个老人一样为信念而战，哪怕最终拖回一副鱼的骨架，也要全力拼战！气力与肉体的失败不可怕，信念与勇气的超越更值得我们自豪！而今天，面对实力强大的对手，你们选择勇敢地挑战！面对恶意肤浅的嘲笑，你们选择理解和隐忍！2∶11，这个2远比9∶0的9让我感到骄傲！这样的你们才是我的英雄！"

❯❯ 技巧点拨

　　逆向思维也叫求异思维，它是对似乎已成定论的事物或观点反过来思考的一种思维方式。我们要敢于"反其道而思之"，让思维向对立面的方向发展，从问题的相反面深入地进行探索，树立新思想，创立新形象。

　　人们习惯于沿着事物发展的正方向去思考问题并寻求解决办法。其实，对于某些问题，尤其是一些特殊问题，从结论往回推，倒过来思考，从求解回到已知条件，反过来想或许会使问题简单化。

　　在育人的世界里，逆向思维则指教师在学生浅显的认知面前，调动自己的人生积累巧妙地引导他们转换角度后重新审视自我和他人的教育智慧！逆向思维运用得当可以在现实的经历中锤炼学生的思想，锻造他们美好的心智态度！从教育的长远效果来看，这样的教育方法在孩子的成长历程中，能起到四两拨千斤的作用，助推学生化蛹成蝶！

❯❯ **拓展迁移**

逆向思维的教育方法适用于处理日常的教育、教学细节。它最鲜明的出发点就是深情而神圣的教育理念：教学生三年，为学生想三十年。

此方法要求教师不可急功近利，不能简单应对教育教学过程中的常见事件和细节。教师要有辩证的审美和教育意识。

一次，家长会后一个妈妈留下来求助，她的痛苦是孩子的青春期让她崩溃，她总是因为各种看不惯而产生各种指导和干涉，最终"大战爆发"，连"和谈"的可能性都没有，所以希望我来"主持公道"。

我先是引导母亲反思自己。经过一番交流，母亲发现自己总是希望孩子像陀螺一样旋转：学习过程中的疑问出现了，母亲只是提醒孩子看参考书，甚至指责孩子没有认真听讲……按照平常的教育思维，我们应该同仇敌忾，一起教导孩子，但是我却逆向思考，引导家长从孩子的角度重新审视自己的教育行为。我开导母亲：情感上，您并没有真正走进孩子的心里，更不要谈懂得孩子的喜怒哀乐；行动上，您并没有付出具体有效的指导和帮助，当父母已经退化到保姆的角色后却仍然不自知，还偏偏要充当人生导师，这是教育的大忌！

紧接着，我问学生："你以前特别依赖，甚至崇拜妈妈，而现在宁可崇拜老师和同学，也不觉得妈妈是对的，是吗？那你为什么不要求同学给你做饭，老师为你洗衣服呢？凭什么妈妈的付出就理所当然？学习遇到困难不知道客观反省自己反而抱怨母亲不能讲解，甚至在烦躁不已时用听歌、聊天等不负责的方式发泄，其实就是逃避学习，这不就是在转嫁自己的懒惰和不成熟吗？问问自己：真的想努力吗？"

结论就是：无论家长还是学生都要认识自己，调整自己，科学规划，有效实施！最后，那对母女各自调整和谐相处。

❯❯ **教育感悟**

初中的孩子已经渐渐褪去小学的青涩和懵懂，良莠不齐的见解和主张在他们心中逐渐萌发并迅速滋长，但他们并不是每一次登场都能演绎精彩，这就需要班主任见微知著，巧妙运用逆向思维点拨引领，甚至挥刀运剪为其重塑金身！

黑龙江省佳木斯市第五中学　李兴艳

当学生的价值观扭曲，怎么办？

习近平主席强调，价值观承载着一个民族、一个国家的精神追求，体现着一个社会评判是非曲直的价值标准。这明确了价值观在社会发展中的重要作用。中学生是我们民族的希望、国家的未来，他们正确的价值观是我们民族进步与社会发展的动力所在。

情景再现

为了拓展学生的课外阅读，让学生在阅读中增长智慧，陶冶情操，每个假期我都精心为学生列出必读书目，要求他们在规定的时间内读完并写出心得。

又是一个开学季，学生的假期读书心得整齐地放在了我的办公桌上。逐一阅过，一名同学的观点深深刺痛了我：

"今天读完了法国作家司汤达的长篇小说代表作《红与黑》。主人公于连本是小业主的儿子，却凭着聪明才智，先后利用市长及伯爵的关系飞黄腾达。我觉得于连是一个让人佩服的人，一个社会底层的小人物，能借助自己的'智慧'踏入上层社会。这是一种能力，而且当今社会这种能力很受用。"

看着这让人焦虑的文字，我脑中浮现出孩子的一些情况。这名学生从小就是留守儿童，小学和初中都跟爷爷奶奶生活在一起，进入高中后才开始住校。平时缺少与父母的交流沟通，生活上缺少父母的关爱，思想发展的动态得不到关注，性格有些内向。家长虽然感觉到愧对孩子，却只是用金钱弥补。

这一刻，我的内心极度不安。对学生来说，中学阶段是他们价值观形成的关键时期。良好的价值观是成为一个理想远大、道德高尚之人的前提。我该如何来帮助这位学生改变这扭曲的价值观呢？我要发挥文学作品的育人功效，用文学形象来感召他。

我立刻到班级找到了他，我要在第一时间内帮助学生改变这扭曲的价值观。为了让学生对于连有一个完整的认识，我抓住于连这个形象的成长过程进行分析。于连本是一个平常百姓，却不屈从命运的安排，渴望进入上流社会。如果通过自身的努力，在道德规范之内发展进取，这种能力是值得佩服的。但事实是他的追求方式非常极端，为了达到一己之私不惜毁灭别人：为了报复市长而处心积虑，与市长妻子有染，暴露之后又投靠伯爵；在对伯爵女儿毫无感情可言的情况下，利用伯爵女儿对他的爱慕，将其当作实现自己野心的跳板。当所有的美梦破灭时，他更在盛怒之下枪杀市长夫人，终于被判处死刑。这一系列的做法都是于连人性中邪恶的一面，在这不正当的追求中他暂时有了所谓的"成功"，但因其违背道德准则而终究不会长久。

接下来，我们一起回顾了罗曼·罗兰《名人传》的相关内容：贝多芬家境贫寒，相貌丑陋，十七岁丧母，还经常受到父亲的打骂，渴望美好的婚姻却屡遭失败；但他却在痛苦的重压下保持着不屈不挠的斗争精神，并将这艰难转化为欢乐奉献给了世界。

我趁热打铁，又让学生谈谈对《平凡的世界》中孙少平的认识。他的观点如下：虽然家境贫穷，但他并没有报怨这个世界的不公，而是怀揣梦想，演绎了一个铁骨铮铮的汉子的奋斗史。

听他讲到这里，我立刻为他鼓掌。他仿佛明白了什么，对我说："老师，我知道自己的错误了。我只关注了于连的成功，却没有看到他人性扭曲的一面。人要有正确的价值观，并能在其指导下遵守社会道德，努力奋进，这样的人生才是完美的人生。"

学生价值观的扭曲是由于他们看待某些问题不能明是非、辨善恶、析美丑，而价值观的改变绝非易事，简单的说教、粗暴的批判都有可能迫使学生走向反面。面对这样的复杂状况，教师不应"逆"学生的"势"而行，而应借助学生已经形成的"势"加以引导，使之走向正确的道路。教育犹如大禹治水，"堵"不如"疏"，"防"不如"放"，借学生之"势"，行教育之实，此法可称为因势利导法。

⌄ **拓展迁移**

从文学作品中来，再回到文学作品中去，用文学形象感召，便于从现象到本质进行纵深分析，这是文学作品中育人功能的一个体现。我们可以通过对人物形象的分析、对作品内容的探究，让学生多方面、多角度地认识自我价值观的不足，再通过不同作品的对比阅读来加以改正，进一步强化正确的价值观。因此，即使学生在成长的道路上偶有一丝偏差，教师也能通过作品的感召力量引领学生回归正轨，让符合道德规范的正确价值观在学生成长的路途上发挥引领作用。

为了能彻底改变部分学生扭曲的价值观，我决定利用新学期的主题班会课，结合班会的主题让同学们畅所欲言。

主题如下：法国作家左拉的长篇小说《娜娜》，讲述的是主人公娜娜被游艺剧院经理看中，没有一点表演才能却走上舞台，后又被巴黎上流社会的官员包养，过着奢靡无度的生活。你如何评价娜娜的做法？

学生们纷纷明确自己的观点，均否定了娜娜这种寄生虫似的生活，肯定了人应该活出自尊与自强，并联系到许多经典人物形象加以说明：《青春之歌》中的林道静出身地主家庭，早早与家庭决裂，后虽屡遭困境却越战越勇，毅然投身革命；《玩偶之家》中的娜拉，在为了给丈夫治病而签下借据后，却历经丈夫的背叛，最后毅然走出家门，成为个性解放的自强女性；《简·爱》中的简·爱在各种磨难中不断追求自由与尊严，坚持自我，最终收获了属于自己的幸福。

⌄ **教育感悟**

在学生价值观扭曲时，对其加以扭转，充分发挥课堂教学的育人作用，帮助学生重新树立正确的价值观，这是教师的天职。也只有这样，学生才能在潜移默化中受到正确的引领，从而发展成为充满正能量的人。

黑龙江省伊春市友好三中　崔卫东

当学生不愿意进教室，怎么办？

孩子是祖国的未来，但他们在成长中会碰到很多困难，有时他们能够自我修复，有时则需要教师的帮助扶正。身为教师，运用我们的智慧和技巧，在孩子需要时设法走进孩子的内心，给他们必要的指导，然后在适当的时候悄悄退出，这是我们义不容辞的责任。

情景再现

一次课间值日时，我去开水间打水，看到一个女生坐在卫生间的地上，眼睛红红的。我以为她哪里不舒服，虽然不是本班学生，但仍然很关切地问她。女生只说："老师，我没事，我就是不想进教室。"我担心她的安全问题，便问她是哪个班级的，然后跑到办公室找其班主任了解情况。班主任说快高考了，成绩没提上去，自习期间还睡觉，批评几句她就顶嘴，上课期间就气呼呼地跑到卫生间，怎么叫也不出来。

这种冲突看似针对老师，实际上是一种心理冲突。心理冲突有两个特点：一是与现实处境直接相联系，涉及大家公认的重要生活事件；二是它有明显的道德性质，冲突的一方被视为道德的，另一方是不道德的。孩子认为老师没看到自己的努力，情急之下和老师发生了冲突，很委屈，但又觉得顶撞班主任是不道德的，于是找到一个独立空间来给自己进行所谓的"疗伤"。我想必须深入孩子的困难处境，用真心感化孩子，用行动帮她梳理思路。

临场应对

我又走到卫生间，观察她的身体，问她昨晚睡眠如何。我真诚地请她到我的办公室并告诉她，面对高考，所有人都会焦虑，过度焦虑和无所谓都不行，适度焦虑才是正确的。为了缓解她的紧张情绪，我决定为她设置情境。我帮她设想了考试时可能会碰到的各种意外，并一一寻找原因和化解方法。比如碰到不会做的题，可能因为自己平时没有打好基础；发现题目读不懂，可能因为平时没做好思维训练；发现题目很简单，结果分数和期望反差太大，可能因为轻视题干漏掉了要点……为了强化她应对焦虑的正确对策，我用刚刚做过的试卷中的小说文本《英雄》帮她进入有效思考情境："插入'李主任找村民交谈'的作用是什么？"我和她一起分析：不要忽略"李主任决定亲自到旮旯村走一趟"的亲民的基层干部形象，不要放过上文交代的李主任"这么热的天，旮旯河里竟然没人游泳"的疑问，所以找旮旯村村民了解情况的因果关系，"村民乐呵呵地递上水壶，请客人润润嘴"的热情也是因为受了平民英雄牛大爷的英雄情怀的影响，等等。学生在沉思中颔首，在颔首中惊喜，她开始思考了，可喜的局面打开了。同时，我把她班主任认真负责又很可爱的一面告诉她，她笑了，说会找老师道歉，以后不会顶撞老师了，碰到困难不再逃避，会想方设法解决。那一刻，我看到活力和生气又重新写在了孩子的脸上。

技巧点拨

此案例我采用的是浓情造境法。该法需老师心怀对学生深深的责任和爱，并需要一定的交流技巧，还需设置所需要的实地或虚拟情境，帮学生梳理情绪，找到症结，让学生自然地走出困境。

高三学生面对紧张的气氛，比如高考倒计时、高考宣誓等，再加上老师、家长们焦虑的传染，会形成考前考后的焦虑心理，任何一方的情绪处理不好，都有可能爆发冲突。

"悟已往之不谏，知来者之可追"，冲突之后的处理一定要慎重。考试焦虑和学生本人的知识基础、个人期待、人格特征等都有关系。身为教师，应该低下身子理解孩子，站在各方角度调控显得极其重要。

拓展迁移

浓情造境法适用于理想和现实发生难以解决的冲突并需要在其间建立一座桥梁的时候。这座"桥梁"就是真情，就是情境。教师需要帮学生铺设过程，帮学生梳理因果，帮学生重建良好的心理状态。有时还需要通过多次的情境训练为其输入正确的程序以代替原来的错误程序，使学生再碰到类似情境时可以自动化运行我们设计好的正确的思维程序，从而提高应对效率，也可迁移应对其他非常情景下的现实困境。

琪是我在高一教过的一名学生，她很懂事，性格开朗，还是班长。高二分科后琪去了理科班，有一次我碰见她在校园内徘徊，发现她郁郁寡欢，居然不愿意进教室。她对我说："老师，我要到您班里去。"我心疼她，一问方知她不适应现在班主任严格的管理方式。在用电话和她的班主任沟通后，我决定请她到我的班里随堂听一节课，先把情绪稳定下来。在学完当天的内容后，我把课堂上的内容随机调整了一下，将话题引到了老师的责任心和爱心上——正所谓严师出高徒，比如福楼拜对莫泊桑的严格、藤野先生对鲁迅的严格。看得出琪若有所思，不那么激动了，也愿意进自己的教室了。

之后，我对琪进行追踪调查，发现她重新调整状态，学习上积极上进，后来在高考中的发挥也较为理想。现在琪已考上北京某重点大学研究生并做了香港交流生、峰会志愿者等，生活非常充实和快乐。

教育感悟

一个孩子的学习困难和现实困难不是断代史，而是成长史。教师应设身处地，对孩子的困难有最本质的把握，并能够深入其内心，既能"浓浓入情"又能真诚地"创设情境"，给孩子合适的建议，给孩子修正的机会，甚至等待较长时间的修正，必要时还要追踪帮扶。教师的浓情造境是一种主动参与，也是一种及时退出，只有给孩子以成长，才能看到生命的美好绽放。

山东青岛西海岸新区实验高级中学　张艳艳

当学生畏惧朗读文本，怎么办？

　　叶圣陶先生说过："吟咏的时候，对于探究所得不仅要理智地理解，而且要亲切地体会，不知不觉之间，内容与理法化而为读者自己的东西，这是最可贵的一种境界。"此话简明扼要地点出朗读在学习中的重要性。但现如今许多语文课堂却难听到激情飞扬的琅琅读书声。我一直认为没有深情地朗读文本，就无法用心贴近文字，无法展开无穷的想象，也就无法在文字中找到自我，更无法真正被文字感动。身为语文老师，在教学中不仅自己要能做到声情并茂地朗读，更要引导学生去朗读，带领学生徜徉在文辞优美、气势酣畅的经典文本中，以期提高学生的语文素养。

≫ 情景再现

　　开学一个月后，学校组织了一次"经典诵读"比赛。对这个刚接手的新班级，很多情况我并不是很了解，我像往常一样，兴致勃勃地拿着通知冲向班级，并对学生寄予厚望——"愿意参加的同学请举手报名！"语毕，原本略有兴致的学生不约而同全低下头，当我目光扫过去的时候，我接收到了无数个躲避、拒绝的信息，我的心慢慢下沉。我只能再三强调："有没有同学愿意参加？"仍旧没有一个学生愿意举手，我干脆一狠心，大声吼道："如果没有人愿意主动参加，那老师只能点名了！"学生开始骚动不安，他们的表情生动地告诉我——谁都害怕被点中。我不禁感到一丝心酸。

≫ 临场应对

　　我努力调整着自己的情绪，让本已怒火中烧的内心渐渐平静下来，我对学生们说："同学们，老师知道你们的顾虑，你们是担心自己朗读得不好，上不了台面，是不是？其实没有谁是一生下来就会朗读的，那些卓越的朗读大家，都经过了日积月累的不懈坚持，并且打开自己的心灵和作者碰撞、和听众碰撞，用感情诠释文本，也用感情打动读者呀。"听了我的话，学生们若有所悟。这时一位同学站起来怯生生地说："老师，就像你说的那样，我们对朗读还是很感兴趣的，但就是觉得自己读得不好，也不知道有什么办法可以提高自己的水平。"我说："没关系，其实老师读得也不怎么样，让我们一起来练习吧。"学生们选择了毛泽东的《沁园春·雪》这首词。

首先，我用教室的电脑找到网上的朗读视频和学生一起观看，同时注意其中的重读、停顿以及感情抒发等，并做好相关笔记；其次，我亲自示范并一一指导，让学生反复练习。起初，孩子们都很羞涩，因为害怕别人异样的目光而不敢大声练习。这时我亲自上场示范，毫不畏惧大家的目光，站在讲台上"指点江山"，一吐胸中之豪气。在我的感染下，学生们开始抛弃原来的胆小和拘谨，慢慢地在朗读中感悟诗词的美好，吸气吐纳、包容万千。学生笑言："终是摸索到一点门路。"这时我又要求他们在朗读时要头正肩平，精神饱满，吐字清晰响亮，句读分明，流畅自如并适当抑扬顿挫。因为只有感动了自己，才有可能感动别人。

在练习中，学生们通过朗读一次又一次地撞击着进入文本的薄膜，由身在山外远望群山，到走进山中与文本对话，自身情感与文本的意蕴合二为一。起初的抗拒和害怕在读通文本那一刻早已烟消云散，只留吟咏后的满心感动。

❯❯ 技巧点拨

三分文章七分读，在教学中，运用好朗读能起到事半功倍的效果。在实践中，应坚持抑扬顿挫、轻重缓急的原则；加强朗读指导，由浅入深，循序渐进，稳步提高；还要组织得法，利用恰当的时机组织学生进行扎扎实实的朗读训练。任何学习皆贵在兴趣和坚持，兴趣需要老师去培养，坚持则既需自律和他律。

❯❯ 拓展迁移

诵读比赛在小部分学生心中成功地播下一粒种子，但是面对大部分学生还在瑰丽的语文世界外面徘徊的情况，我决定好好利用朗读把他们领进门，于是每天留出20分钟"经典诵读"时间，《论语》《唐诗宋词三百首》各类经典之作一一进入我们的小课堂。我也每天亲自陪着学生诵读，教学相长。

在语文课堂中，我亦重视朗读的运用。在讲《最后一次讲演》时，我被闻一多先生的满腔悲愤感染，讲解得慷慨激昂，回过头却发现学生们或面无表情，或眉头紧皱，我一挥手："我们来朗读吧。"反问、设问、感叹、褒义词、贬义词，一次读不出感情，读两次三次，一个人读不好，小组甚至全班一起朗读。当情感在朗读中得到释放后，我们越读越激烈，越读感觉离作者越近，越读越能感受革命先辈殒身不恤的伟大精神和英雄气概。到最后都觉得坐着读不带劲，我说："那就站起来读吧！当你读得劲都没处使，就加入动作，文中不是有提示哪些地方有动作吗？"于是乎，学生们读得更带劲了，质问敌人时"咚咚咚咚"的锤击声正是他们全身心投入的体现。那一刻，再多的讲解都不如这般朗读让学生理解得透彻。

教育感悟

教育家朱熹曾说："凡读书，……不可牵强暗记，只是要多诵数遍，自然上口，永远不忘。"语文课程标准中这样阐释朗读："具有独立阅读的能力，注重情感体验，有较丰富的积累，形成良好的语感。"可见，本色的语文课一定少不了朗读。课堂朗读是学生打开文字密码的一把钥匙，课外朗读是学生积累、传承经典的一种方法。如果在教学中能够有效结合课堂内外展开合适的朗读，一定会让语文之花盛开在每个学生的心中。

江西省遂川县五斗江中学　汤利萍

当学生没有敬畏之心，怎么办？

古人云：君子之心，常怀敬畏。所谓敬畏，就是做人要有所敬重，有所畏惧。有敬重，才会有追求，才会以所敬重之人之物，来约束自己的行为；有畏惧，才能有所不为，心中常燃一盏神明的灯，不去触碰道德与法律的底线。敬畏之心可贵，可"敬畏"这个词对于小学三年级的孩子来说，却是如此深奥博大，难以理解，究竟怎样才能让孩子理解"敬畏"，心怀"敬畏"呢？

情景再现

为了让任课教师方便识记学生的姓名，班级为每个孩子制作了名牌。红底黑字的名牌统一摆放在课桌右上角，一眼望去整齐美观。可是，这样的整齐美观并没有持续太久。一次课间活动时，我正在教室批改作业，突然一个孩子跑过来，略带哭腔地说："老师，不好了，我的名牌被同学踩碎了。"仔细询问后，我发现有些孩子对于自己和他人的名牌并不在意，而这些名牌却是家长们互帮互助购置、老师一个个认真书写的。想到这里，我不禁感慨，孩子们真是辜负了家长和老师的良苦用心啊！

临场应对

有人爱惜名牌，有人却无视它的存在，这种矛盾触动了我。这些孩子享受着丰富的物质生活，对于这个不起眼的小小名牌已然没有丝毫的爱惜之心，有的孩子甚至还因为心情不好而拿名牌撒气，故意把名牌摔碎。简单的说教显然是没有用的，究竟怎样才能让孩子们由心而发地珍惜、爱护名牌，从而对世间万事万物都怀有敬畏呢？我不禁有了一个大胆的设想：如果孩子们对自己的名字有了敬畏之心，那么，由小见大，推此及彼，慢慢地，孩子们就会敬畏世间的万事万物。作为教师，我想我们有责任在孩子心中种下一颗敬畏的种子。敬畏，不只是针对自然、历史、人生这些宏大的对象，它应该存在于生活的方方面面。真正的君子，应该谨言慎行。

于是，我立即在班级组织了一次介绍自己名字与了解他人名字的活动——"我当小主播——说说我的名字"，并在家长微信群里进行每日播报。孩子们在微信群介绍自己的姓氏和名字，言语中满是骄傲与自豪，说起父母为自己取名的初衷，文辞间又充满了对他们的爱与感激。每日播报的最后，孩子们自发接力，都会说一句：我喜欢我的名字，我要好好爱惜我的名牌！从这以后，班级损坏名牌的现象大大减少，有的孩子还在自己的名牌上装饰了漂亮的小贴画，让名牌成了班级里一道别样的风景。

技巧点拨

此案例采用的是活动导向法，这种方法可以避免生硬地说教，通过在班级开展相关的主题活动，潜移默化地影响学生，实现活动育人的功能。活动形式可包括微信主播、课前演讲、主题阅读和主题写作等等。教师根据班级学生状态进行选题，主题内容可涉及同学关系的处理、集体荣誉感的培养、学生个性习惯的养成等，以文学活动的形式激活学生心中的真善美，长久地营造一种融洽和谐的氛围，让学生在活动中由内而外地发生质的变化。

拓展迁移

以教育工作中的突发状况为导向的主题活动，将学生呈现的问题集中处理，让学生在活动所营造的诗意与温情的氛围中，全方位、多角度地感知问题，认识问题，从而自主解决问题。借用富有学科特色的活动的力量，可教化学生于无形，让学生在活动体验中感知人性的真善美。

三年级的孩子正处于爱打小报告的年龄，而且由于是新建校、新组班，来自全国各地的孩子还处于磨合期。一次体育课上，两个男生因为跳绳而发生矛盾，由于矛盾没有及时解决，最后下课时两个男生的矛盾竟发展成全班男生的矛盾。在处理矛盾时，我照例先让孩子们自己说说事情的经过，再抽丝剥茧，帮助他们理清事情的缘由。最后，我发现这次几乎波及全班男生的矛盾，其实是最开始有矛盾的那两个男生不懂得尊重他人，在跳绳活动中总是互相指责埋怨所导致的。

于是，我想起刚好读到的一首古诗——《送朱大入秦》。诗云："游人五陵去，宝剑值千金。分手脱相赠，平生一片心。"友人离别时，诗人将自己最珍贵的佩剑赠予友人。我趁机问孩子们：如果你即将和你的好朋友分别，你会送他什么？要对他说些什么呢？孩子们一下子沸腾了，争先恐后地说着自己想送出的离别礼物。这一切，我看在眼里，乐在心里。孩子始终是单纯的，向善的，只要我们能够给予他们正确的引领。

为了让诗意的种子在孩子们的心里生根发芽，我趁热打铁，布置了"我为朋友画礼物"和"写给朋友的诗"两个主题活动，让孩子们把要送给朋友的礼物画下来，要求所画的礼物不能用钱买，还要志趣高雅，有特殊的寓意。孩子们兴奋极了，互相商量着画什么礼物，有的还去翻古诗，想知道古人都送些什么。在写诗的环节，孩子们用稚嫩的语言写下了对同伴的赞赏和鼓励。之后的生活中他们比以前更懂得互相帮助，彼此包容。在一次次的主题活动中，他们实现了真正的成长。

教育感悟

"教书育人在细微处，学生成长在活动中"，教育本可以有多种姿态。以活动为导向，让学生在活动体验中获得情感的浸润与心灵的成长，这样的教育，虽然不会立竿见影，却润物无声，能够长久地影响和改变学生。这样的教育，也让我懂得，当我们心怀美好，将诗意、善良、敬畏的种子种在孩子心间时，春风化雨的力量则会改变一颗颗小小的心灵，让教育成为一件十分美好的事。

北京师范大学天津生态城附属学校　王翠翠

当学生语言偏激，怎么办？

《中庸》有言："致中和，天地位焉，万物育焉。"位者，安其所也；育者，遂其生也。潘光旦先生由此提出"位育"论，即"教育就是要使每个人找到自己的位置，并在那儿得到充分的发展"。教育，不应仅是知识的传授，更应有人生的指引。让孩子们找到自己的位置，感受生命的温度，平和安然地度过一生，岂不快哉！

情景再现

在高一的阅读课推荐书目中，我为学生推荐了余华的《活着》。主人公福贵一生经历了中国历史的变迁、社会的动荡，如解放后的土地改革、人民公社制度、大炼钢铁、三年自然灾害、"文革"，等等。在此期间，他尝尽了人生的悲欢离合，儿子、女儿、妻子、女婿、外孙相继离世，最后只剩下他和一头老水牛相依相伴。

在阅读鉴赏课上，我带领学生对福贵的形象进行赏析，畅所欲言，各抒己见。就在这时，一个平时不太爱说话的男孩站起来说道："老师，他已经什么都没有了，活着还有什么意思？"说完他又提高了音量："我就不明白了，他为什么不去死？死了，就解脱了。"说话期间，他有些激动，话语中带着明显的偏激。那一瞬间，我竟有些恍惚，是什么让一个花季少年，对生命有了这么执著的恨意？我明白，如果此时没有恰当的抚慰和引领，这个想法说不定就成了未来的祸根，住在了少年的心里。此时的我，必须说些什么，做些什么，可我该怎么做呢？

临场应对

忽然间，我想到余华在这本书的韩文版自序中有段文字，恰好可用："这部作品的题目叫《活着》，作为一个词语，'活着'在我们中国的语言里充满了力量，它的力量不是来自于喊叫，也不是来自于进攻，而是忍受，去忍受生命赋予我们的责任，去忍受现实给予我们的幸福和苦难、无聊和平庸……与此同时，《活着》还讲述了人如何去承受巨大的苦难，就像中国的一句成语：千钧一发。让一根头发去承受三万斤的重压，它没有断。我相信，《活着》还讲述了眼泪的广阔和丰富；讲述了绝望的不存在；讲述了人是为了活着本身而活着，而不是为了活着之外的任何事物而活着。"我和学生一起去挖掘作品中主人公选择活着的理由。渐渐地，爱、责任、承担、平和这些词走出了文本，福贵只是芸芸众生中的一个，但他对生活的执著、对亲人朋友的爱给了自己无穷的力量，这力量沉重而伟大。他找到了自己在天地间的位置，安其所，遂其生。我们遇到选择的时候不要问自己"为什么不死"，而要多问自己"为什么活着"。这样的人生才更值得！

在这之后，学生们还联想到了许多具有这种精神的人：被誉为中国"跳马王"的著名体操运动员桑兰、双耳失聪却谱写出不朽的音乐杰作《第九交响曲》的贝多芬、被意大利人誉为"黑羚羊"并入选美国奥运名人堂的威尔玛·鲁道夫、"站着用枪战斗、躺着用笔战斗、死后用书战斗"的奥斯特洛夫斯基……那些不堪和孤单、选择与转变、失望与搁浅，都化作了他们追逐生命的动力。莫言的《蛙》中说："不遭苦难，如何修成正果；不经苦难，如何顿悟人生。"苦难，就是让人明白生而为人的意义。

生，不再平凡，渐渐开出了花朵。

我向他看了过去，孩子懂了我的用意，微微点头，阳光洒下来，那是世间最温暖的颜色！从孩子偏执的语言入手，用丰富的文本和事例，给生命一个出口，让偏执回归宁静，何乐而不为呢？

❯❯ 技巧点拨

此案例我采用的是横向拓展法。此方法要在学生呈现问题的基础上，用文本和事例拓展对比，为学生提供相关、相应、相连甚至相反的素材，借以拓展视野、开阔路径、激活思维、激荡思想，潜移默化地影响学生，为学生提供认识问题、解决问题的思路和方法。

这种方法与新课标下的"群文阅读"有异曲同工之妙，既符合新课标中提出的"思维发展与提升"的要求，又是对学生从具体现象分析到本质理论探讨的能力的培养。

拓展迁移

横向拓展法适用于引导学生更明确地透过现象看本质。案例中我没有直接对学生进行教育，而是给学生足够多的文本事例，指导学生独自发掘事件背后的意义。运用此方法要注意事例的恰当性，也要求教师能够在形成评价时有正确、积极的价值观引导，否则容易流于事例表面。

《诗经》中塑造了很多具有独立个性的女子形象。在学习语文必修二《氓》一课时，同学们对既有大胆炽烈的爱情追求、勤俭操持的恋家美德、理性清醒的自省意识，更有刚强自立的人格精神的女主人公竟然毫无感觉，丝毫没有品味出这个女性意识的早醒者的难能可贵。甚至有学生说出这样的话："自作孽，不可活。谁让你没有眼光，找这么个狼心狗肺的东西。"我惊讶于他们的种种抱怨，却也理解孩子非黑即白的价值观。可浮世万千，人生百态，学会解决问题的方法才是最重要的，于是我便想到了这个方法——横向拓展法。

《上邪》中的"天地合，乃敢与君绝"，表达了对爱人忠贞的自誓；卓文君《白头吟》中的"愿得一心人，白首不相离"，表达了对爱情的执著和向往，还有一个女子独特的坚定和坚韧；《孔雀东南飞》中刘兰芝盛装离家，那份华丽背后有着坚强和隐忍；白居易《井底引银瓶》中的"寄言痴小人家女，慎勿将身轻许人"，饱含后悔与告诫；舒婷《致橡树》中的"我必须是你近旁的一株木棉，作为树的形象和你站在一起"，传达了一种独立与自尊……对比三从四德、三纲五常的社会背景，学生们为古代封建社会女子的生活打抱不平，对诗词文章中的这几位典型的女子形象给予了充分的赞扬，就好像那人就是自己一样。我也被调动起热情，激动地总结道："那些生活在不平等社会中拥有独立意识的女子是不屈服于命运，不放弃追求的人，是大写的人！我们应向她们致敬，更应见贤思齐，掌握自己的命运！"

"道可道，非常道。"万千世界万千颜色，语文课的初衷本就是引导学生找到自己的位置。偏激的语言背后是对生命认知的缺失和对人生意义理解的偏差。那么，作为引路人的老师又该做什么呢？

教师该有丰富的"阅"历，读万卷书，行万里路，只有见识广博、阅历丰富，方能信手拈来，应对自如，化教育于无形。很多道理并非一定要讲清楚，只要给学生一囿花，他自然能明白何为芳香；只要给学生一片海，他自然能懂得何为浩瀚。

四方讲堂，大道其光。当学生对文字、对生命、对世界有了深刻的拷问，我们能否给予他最安静的聆听和最及时的引领，这是一门艺术——教育的艺术！

广东省东莞市松山湖第二小学　彭新颖

第三章
学习问题辅导

当学生思考停滞不前，怎么办?

　　课堂是彰显驾驭魅力的智慧场，在整个教学过程中教师需要临特定场合而应万变。学生每日的学习内容多维且又多变，学生的接受程度，教师往往无法预设，当学生对想进一步探究的内容困惑不解时，需要教师做出相应的调整。

⌄ 情景再现

　　一天学生课前三分钟演讲《一盘葡萄论人生》，讲述葡萄的不同吃法，阐释四种不同的人生：选择先吃好的葡萄的人，前半段人生顺利无比，后半生却在痛苦中了却；选择先吃坏的葡萄后吃好的的人，无法面对突如其来的幸福，容易埋葬在金钱中；选择只吃好的葡萄，丢掉坏的的人，省察自己过了无意义的人生；拣一个吃一个，无论好的还是坏的的那个人，勇于面对未知的一切，过了充实的一生。四种不同的人生态度具有一定的启发性。学生绘声绘色地演讲后，在座的学生余味未尽，平日对学习感到乏味的小A也若有所思，但他们却限于思，一个个沉默不语，没有人站起来进行点评、表达自己的观点。面对这种情况，需要适时进行调整。

⌄ 临场应对

　　我马上趁机横生枝节，设置一个辩题：先甜后苦，先苦后甜，你认为哪个好？课前演讲瞬间转为辩论的形式，由辩论代替学生的简单点评，更能充分发挥学生的主观能动性。紧接着趁热打铁让学生在辩论后用10分钟时间动笔写一篇命题小随笔"人生的葡萄"，将思考付诸笔端。我还在课堂上为小A等人制订了阶段学习规划。

　　学生面露喜色，课堂辩论掀起几轮高潮，其中一个经典发言人就是小A，而且我发现平时不努力的孩子，观点都是先苦后甜，这一点打破了我的认知，原来他们只是行动跟不上，主观上是想要上进的。写课堂小随笔时，教室里异常安静，都在认真地思考并写作，课堂动静相宜，教学相长，而且小A等人在行为上已经有了向上的变化，真乃节外生花。

技巧点拨

横生枝节法是指在教学某环节应该结束时，不马上收束，而是根据教学内容进行有益拓展，以更好地达到育人目的的一种思维方法。本案例就是在教学辅助环节课前活动中应用了节外生枝法。

此案例体现了循序渐进的教学原则，将系统连贯性与灵活多样性结合起来，既掌握学生的情趣、欲求和动向，又注意知识的系统，并突出重点；体现了理论与实际相结合的原则，注重学以致用，提高学生的动笔能力；体现了科学性和思想性相结合的原则，打破原有教学计划适时抓住教育契机对学生进行思想教育；也体现了因材施教的原则，根据学生的学习状态进行适时的教学内容调整，有利于提高教学效率。

拓展迁移

横生枝节法应用广泛，在各教学环节中都可以尝试。比如教学中的课外拓展环节，便可以运用横生枝节法，拓展要体现知识点的迁移，不可让学生产生陌生感，要与所讲内容建立联系。再如课堂讨论环节，学生思维发散不充分，在某个点纠缠时，教师可宕开一笔，开拓另一层理解，丰富学生的认知，亦可起到拨云见月的效果。

教授《短歌行》第二课时，我将《中学语文教学参考》中的一篇文章作为课前阅读材料，并请学生谈谈从中受到的启示。有个学生谈到了人才类型的问题，提法新颖，很有探究性，引发了学生强烈的表达欲望。看着同学跃跃欲试的情状，我决定趁机横生枝节，拓展一个极具开放性的论题：任选角度，谈谈你对文中人才类型的个性化解读。有一学生从字源字理的角度进行了解读，于是，我又横生枝节考查学生近期对文字本源的掌握情况，专门让学生以此角度进行分析。

一生通过"衿"的古字形，推出衣领借代周代学子，进而合理想象在古代能够接触学问的往往是名门贵族，曹操心向往之的第一类人才是有才学的人。

一生板演了"野"的古字形，着眼人才出现的地点。"邑外谓之郊，郊外谓之野，野外谓之林"，野在郊与林之间，鹿鸣于野，原来人才距离不远，进而推出第二种人才，即隐而有意施展抱负之人。

一生分析了"存"的古字形：存，恤问也，体恤而关切。人才们越"陌"度"阡"来探问曹操，"阡"指南北之路，"陌"指东西之路，道路越是纵横曲折，越能体现曹操的感激之情，这样一群归顺于曹操的人才及他的王者形象便向我们缓缓走来。

紧接着再"横生枝节"，趁热打铁让学生在讨论后用10分钟时间动笔写一篇命题小随笔"天生我材"，动静相宜，将思考付诸笔端。

教育感悟

语言是应变的外在表现，思维是应变的智慧之脉，审美是应变的至高追求，文化是其背后的底蕴。短时间内化解教学矛盾，灵活自如地应对一切突发状况，最大限度合理分配有意注意和无意注意，需要教者终身学习，既要丰富课堂知识，尽量让课堂生成得有创意，又要达到育人目的，使得课堂顾盼生辉，摇曳生姿。

吉林省桦甸八中　车　坤

当学生说不会写作文，怎么办？

作文课，最喜欢听笔尖在纸上摩挲的沙沙声，犹如满室的蚕儿们狼吞虎咽地咀嚼着桑叶。最终，黄的、白的茧子缫出的丝，编织成文字的绸缎，丝滑地在笔尖流泻。

情景再现

那天，和孩子们一起学习普希金的《假如生活欺骗了你》，直白的抒情，浅显的文字，却给人满满的正能量。读着读着，就有了写的欲望。"如果我们写'假如什么怎样了你或者我'，直抒胸臆，你会选什么题目呢？"我饶有兴致。

"假如幸福远离了你！""假如父母抛弃了我！""假如友情背叛了我！""假如优秀眷顾了我！"……孩子们积极踊跃。

"那我们就写一小节吧，题目下面写上你的名字，期待小诗人们的佳作分享。"孩子们展纸提笔，跃跃欲试。

我在教室里走动着，正像一个农人在田间地头满怀期冀。一个男生怯生生地举起了手："老师，我……我不会写……"他的脸红扑扑的，雀斑挨挨挤挤地凑在鼻翼两侧的脸颊上，仿佛是为了相互扶持，增加点力量。

这个孩子是我支教的班级的学困生，六门功课总分经常五六十分。语文算高的，十分左右。我见过他的母亲一次，她直言不讳："我们家老大智力有问题，所以我才生了老二……"听得我顿觉酸楚，心理阴影面积骤增。

每次上课，我都会特别关注他，给他布置不一样的作业，鼓励他作文不会写的时候举手，告诉他一定会帮助他。

就这样，在我的表扬声里，他的作业越写越整齐，字也日渐好看起来，偶尔也能写出一两个好句子，用上个把好词。他常常跑来找我，塞给我一块糖果、一把瓜子什么的，表达他的喜欢。

"没关系，田老师马上过去帮助你。"我微笑着快步走过去。他挺了挺腰板，小眼睛里满是渴盼。

"你想写假如什么怎么样了呢？先跟老师说说。"我俯下身，看着他的眼睛。

"我……我……我想写田老师……"他的脸又红了。

"假如田老师……"我思忖着。

"假如田老师离开了我……"他的眼眸瞬间黯淡了。我莫名地心痛。"那先写下题目和你的名字吧，第一行诗已经有了。"我拍拍他的肩膀，是想安慰他，企图赐予他力量吗？我说不清楚。

"假如田老师离开了你，你会怎样？""我会伤心的。"他嗫嗫道。"为什么呢？""没有老师像你这样对我好……"我们交谈着，润色着，他的小诗流淌着，一点，一点，渗入我的心田。

> 假如田老师离开了我，
> 我会伤心，我会心急。
> 谁还会像她一样关心我呢？
> 我会想念她。
> 相信吧，相见的日子将会来临，
> 而现在就会成为亲切的怀恋。

技巧点拨

类似的案例，我大多时候采用的是步步为营法，言语一来一往之间，启迪学生打开写作思维，找到切入点。我和学生用心交流，用心体会，让语言成为心与心之间、人与人之间最坚固的桥梁，最柔软的地方。

我很少讲写作术语，更不轻谈技巧，只是喜欢和孩子们一起品读，读着读着，心里泛起涟漪了，我便顺水推舟，助他们在作文的河流上徜徉，荡起粼粼波光，漾出层层清浅。

曾和孩子们沉浸在宗璞笔下那一树紫藤萝瀑布里，闭了眼，紫色的花穗在眼前摇曳，仿佛一群幼儿园的小宝贝，推着挤着，笑靥如花，眼眸澄澈。深呼吸，浅紫色的芳香弥漫心上，驱走了盘踞其间的焦躁。十三四岁的孩子，可曾走进这树繁华？

细雨飞，风微凉。早起，昨天的裙袂不知在哪里蹭脏了一块，抬眼，瞥见衣柜里搁置了三四年的旗袍，灵机一动，何不穿着让学生写写呢？况且，今天的天气是如此应景，不过缺把油纸伞罢了。

走进教室，孩子们正在背诵《爱莲说》，我偷偷观察了一下，他们积极地背着，却不曾像新生时那样有激情。还是羞涩多些。我们一起回顾了那树盛放的紫藤萝：从整体到局部，运用比喻、拟人加通感的修辞，描绘出满眼繁华，满心的喜悦。

"不如，我们也试试吧！"

"好难，写什么呢？不会写啊！"几个孩子嘀咕着。

"就写老师的这件旗袍吧，上海买的，就叫上海旗袍吧。怎么开头？读读《紫藤萝瀑布》的第一段。"

"我不由得放下了书。""我不由得停止了朗读。""我不由得看向她的旗袍。"……孩子们分享得很踊跃。

"开始观察整体，先从色彩入手试试，不会表述就到课文中找找灵感。"

就这样，我在教室走，他们看、写、分享。其中一个学生写道："我从未见过这样惊艳的旗袍，只见一袭清新的墨绿扑入眼帘，清凉了夏的燥热。缀着无数亮闪闪的金色小花，好似夜空中闪烁的繁星。仔细一看，原来是墨绿的衬布上罩着一层雅致的蕾丝，金色的小花和墨绿色的叶子牵着手，彼此勾肩搭背，好不亲密美好。"从整体到部分，运用了修辞，还学会了有层次地描摹。

"那就试着来一个《紫藤萝瀑布》式结尾吧。"还有几分钟，善始善终，圆满才好。

"在这墨绿色的清新中，我不由得挺直了腰背。""在这墨绿色的清凉和闪烁的金辉中，我不由得精神抖擞。""在这墨绿色的清新和金灿灿的光芒中，我不由得精神起来，凝望倾听。"……

三个小段，大多数学生当堂就完成了。

教育感悟

作文，应该是运用所积累的言语知识，有条理地表述自己对外界事物的认知，真诚地表达自己内心的情感体验的过程。重要的并不是教给多少专业的作文术语或者写作技巧，而是触发学生的写作动机，步步为营，指导学生在思中写，写中悟，感染、熏陶、渗透。

陕西省宝鸡市高新学校　田　玲

当学生识字困难，怎么办？

文字是文明的象征，它不仅记载了人类历史发展的历程，还承载着人类智慧的结晶，更传承着人类的经典文化。而识字就是打开这个精彩纷呈的世界大门的敲门砖，也是与亘古智者对话的桥梁，更是认识自我、发展自我的必备技能。

情景再现

上课伊始，先温习旧知，通过复习导入新课，发现部分学生"武"字出错率较高，且书写结构不合理。

二年级所需掌握的字词并不难，如果掌握得不好，往往不是能力的问题，而是方法不对或兴趣不够。若兴趣索然，方法错误，必事倍而功半。兴趣是最好的老师，我认为必须先从激发孩子们的识字兴趣入手，让学生们喜欢上识字课，然后再教授识字的方法技能，从而达到事半功倍的效果。

临场应对

于是，我建议孩子们打开课本，仔细观察"武"的字形结构，并陈述每一个汉字都有它的前世今生，字形背后蕴藏着深远的含义，让同学们大胆想象这个字的寓意。学生的学习兴趣被调动起来，开始热火朝天地讨论。在小组陈述观点时，有同学利用拆字法把"武"分为"一个止，一个戈"，说是利用武力阻止打仗的意思，同学们有的赞成，有的则面露疑惑，却又解释不清。我抓住时机，加以引导：止，古代同趾，就是脚趾，戈则是武器，"武"本意指打斗时的要领是把脚站稳，下盘稳，方能在战斗中取胜。但"武"绝不是提倡以暴制暴，而是维护仁义、和平的实力。我又顺势把"武"分为"一个正，一个戈"，说"武"往往是以"正义""正戈"的名号发起的。在这个过程中，学生通过对汉字的分析，不仅了解了字的结构、意义，巩固了字形的记忆，同时也了解了中华民族自古以来对武力的态度。

⌄ **技巧点拨**

此案例我采用的应变方法是旁征博引，当学生识字困难时，我围绕学生不好掌握的汉字，出示与它相关的故事、图片或演变过程等，让学生体会汉字所集结的中华民族的智慧以及蕴含的深刻含义，知其义而记其形。在理解的基础上识记生字，不仅激发学生的识字兴趣，还增强了记忆的深度。此教学方法不仅丰富了我们的语文课堂，还拓宽了学生的知识面，更有利于创建充满人文性的语文课堂。

此教学法，需要教师有丰富的学识，较高的语文学科素养，课前认真备课，对文本要有深刻的研究和潜心的思考，这样才能提高课堂的效率以及深度。

⌄ **拓展迁移**

看似简单的识字教学，其实也是有很多小窍门的：

1.认字、正音。根据课文的注释或查字典，先把字音读准确。

2.解字、辨字。根据汉字的结构，通过形近字或同音字来进行识记。

3.辨义，根据上下文和具体的情境，推断字义。通过组新词或造句，赋予枯燥的汉字以灵动的生命，从而辨析字义。

4.随文识字。利用语文课堂以及课外读物，识记生字，提高识字的数量和频率，从而克服识字困难。

在教学人教版小学语文二年级下册第6课的课文《雷锋叔叔，你在哪里》这首儿童诗的时候，我在导入环节，问同学们：知道雷锋吗？学生们回答：知道。我又问：谁能向我们讲述雷锋的具体事件或用一句话来形容雷锋呢？很多同学露出了茫然的眼神。因为二年级的学生年龄较小，他们对雷锋的认知也仅限于我们学校每年一度的"学习雷锋月"，所以如果想让学生们更好地理解文本，完成情感的升华，就一定要让学生加深对雷锋的认识。

我首先出示了雷锋的画像，介绍雷锋的生平，并详细讲述了雷锋的事迹：热心帮助文化程度低的同志们学习知识；带病参加抢险救灾，连续奋战七天七夜；一次去沈阳的路上，下着大雨，看见一位妇女背着小孩，手上还领着一个小女孩艰难地向车站前行，他不仅帮忙抱着孩子送到车站，还把自己的衣服脱下来给冻得瑟瑟发抖的孩子穿上……通过对这些材料的引用，一个清晰的雷锋形象就塑立在孩子们心中了。然后再一步步地引导学生们解读文本。当读到最后一句话——"啊，终于找到了——哪里需要献出爱心，雷锋叔叔就出现在哪里"时，播放《雷锋离开我们的日子》的片段，激发学生的情感，从而让学生们理解雷锋是一个时时处处关心人，帮助人的好榜样。带着这种情感去朗读，读出呼唤的语气和对雷锋高尚品格的赞美之情以及对雷锋的深深怀念之情。

最后我设计了以"说给雷锋叔叔的悄悄话"为主题的小练笔，其中有位同学写道："雷锋叔叔，您不怕苦也不怕累，心里面总是想着别人，无论谁需要帮助都及时伸出援手。在以后的生活和学习中，我一定要向您学习，关心同学，帮助大家做力所能及的事，做一个像您一样的人……"

教育感悟

生活有多丰富，我们的语文课堂就应该有多丰富。我们不能只单纯地教教材，拘泥于语文课本，而应该以教材为平台，为学生们搭建更广阔的语文天地。那里有"不破楼兰终不还"的豪放，也有"梧桐更兼细雨"的愁绪，有"千里莺啼绿映红，水村山郭酒旗风"的江南美景，也有"大漠孤烟直，长河落日圆"的西北风光……语文教师要善于旁征博引，拓展学生的视野，为学生营造轻松愉快的学习氛围。善于旁征博引的语文教师，无疑是有着个人魅力的教师，是受学生信赖的，让学生"亲其师，信其道"，使教学步入"教师乐教，学生乐学"的理想境地，不断提升学生的语文核心素养。

山东省临清市武训实验小学　康雯雯

当学生无暇积累写作素材，怎么办?

随着时代的发展，多媒体授课已是大势所趋。作为新时代的教师，更应该勇于打破传统的说教模式，充分利用网络资源激发学生的学习兴趣，增加学生的知识积累，营造富有生机的课堂。

情景再现

高一月考结束后，学生的作文分数普遍偏低。探究其中原因，我发现大多数同学的议论文都没有典型的论据，不是司马迁、陶渊明，就是爱迪生、张海迪，有的甚至通篇都没有一个论据。针对这种状况，我决定上一堂讨论如何积累议论文写作素材的研讨课。

"同学们，你们通常会采取什么方式积累议论文的写作素材呢? 是看电视，听广播，读课外书，还是其他什么方式?"话音刚落，课堂上顿时炸开了锅，学生们七嘴八舌:"我们没时间看电视""没时间听广播""没时间看课外书"。学生们的回答充斥着我的耳膜，我心里很生气，这分明是在用一种集体的态度告诉我，他们没时间积累议论文的写作素材。这种状况出乎我的意料，我本打算找几位同学介绍下自己的积累方法，看来这种预设只能作罢。看着他们无辜的眼神，站在他们的角度想想，应该是真的没有时间和精力去积累作文素材。

临场应对

学生只靠着课本的积累是远远不够的，可课外又没有时间积累议论文的写作素材，怎么办呢? 我静下心来，想起了自己平时积累素材的习惯，除了看书之外，还经常观看并下载各种和作文素材相关的视频，形成素材资料库。何不在课堂上也尝试一下这种方法呢?

抓住学生们喜欢看视频的心理，我从携带的U盘素材资料库里找出一个典型的视频素材，那是我之前剪辑的《2017年度感动中国人物颁奖典礼》。我选择了有关中国科学院院士卢永根教授的视频片段给学生们播放。在播放前，我说："同学们，考虑到大家没有时间积累作文素材，今天，我们就尝试一下利用课堂时间看视频的方式来积累。请大家准备好纸和笔，在感动之余，注意记准人物的姓名，简单记录下人物的主要事迹。"学生们一听要看视频，一个个变得精神抖擞。随着视频的播放，课堂由热闹变得异常安静，学生们注视着屏幕，眼神里有深思、有敬佩、有感动。视频结束了，我引导学生们用一句诗来形容卢永根教授的精神境界，大家积极踊跃："落红不是无情物，化作春泥更护花""春蚕到死丝方尽，蜡炬成灰泪始干"。学生们的感悟让我欣慰，这说明他们已经抓住了这则素材的精髓。课堂的一次意外，促成了我的教学尝试。

⌄ 技巧点拨

此案例我采用的是视听结合教学法，具体指的是，在语文课堂上，以视（图像）听（声音）结合的方式展现与教学内容密切相关的素材，将视听方式融入语文教学。

视听素材在时间上不宜过长，控制在10分钟到20分钟之间，切忌喧宾夺主；在形式上，应提炼浓缩、重点突出、针对性强；在内容上，大致可分为演讲类、讲堂类、时事新闻类、纪录片类等几种形式。

教师要明确看素材的目的，注意播放前的铺垫、提醒和播放后的及时点拨。素材的选择要以教学目标为依托，围绕教学重难点进行搜集整理，并将之分门别类做好目录以便查找。如此，才能灵活地应对课堂上的突发情况。

⌄ 拓展迁移

视听结合法丰富了语文课堂教学的模式，它适用于帮助学生积累写作素材、理解教学重难点、获得审美体验等教学环节。如以上案例，就是解决议论文论据积累大难题的一次有益尝试。除此之外，教师可在每日课前播放写作素材，也可在课堂上播放作者生平、时代背景、名家范读、影视片段等相关视听素材。

参加青年教师赛课，我选择了罗森塔尔的《奥斯维辛没有什么新闻》作为讲授篇目。课前，我安排学生们认真地预习了课文。可是上课时，学生们却像听练习题的讲解一样，表情漠然，显然他们并没有被文字背后的历史震撼，也没有真正领会到作者平静的叙述中所蕴含着的对纳粹的强烈愤怒。我的心有点慌了，迅速反思，课前的预习并没有拉近学生与文本的距离，应该是那个时代与学生相隔太远的缘故，仅凭文字的力量还无法调动学生们的情感体验。还好在备课时，我下载剪辑了影片《辛德勒的名单》中的两个片段，于是，我决定采用视听结合法来应对课堂的这种状况。影片强大的视觉冲击力激活了学生们头脑中的想象，抽象的文字有了生命的活力，学生们被打动了，他们对奥斯维辛有了更直观的认识，真正地融入到了文本之中，课堂氛围有了扭转，教学目标得以顺利完成。

∨ 教育感悟

课堂应该是灵动的，预设与生成相辅相成的。面对课堂上的生成，教师要迅速反思出现的问题，根据学情及时调整授课策略；要善于透过问题的表象，看清问题的本质，把问题当作课题来研究；既要有深不可测的文学功底，也要有"学不可以已"的积极心态。

课堂是一本书，提纲挈领薄之，视听结合厚之。教师倘能倚视听之法连接文心、生心和师心，托有形之课堂，达无境之思想，岂不乐哉？

黑龙江省大庆市第二中学　李秋菊

当学生质疑经典结论，怎么办？

"一千个读者就有一千个哈姆雷特。"这句名言在当今语文教学中屡见不鲜。即便是一些已有定论的经典作品，学生仍会有与传统观点大相径庭的独特思考和感受。教师应积极回应，让学生们热爱阅读、勇敢表达自我。

❯❯ 情景再现

在学习元杂剧经典篇目《窦娥冤》时，我和学生正热火朝天地讨论着窦娥的冤屈。一位女生突然插嘴道："老师，我觉得窦娥一点都不冤！"这句话宛若一声惊雷，瞬间炸响了整间教室。同学们七嘴八舌地讨论起来。一个学生有些愤然，大声地说："窦娥都含冤被斩了，怎么还不冤枉！"那一刻，我心里也充满疑问：窦娥要是不冤枉，怎么感天动地呢？戏剧的主题还怎么挖掘？若不是因为她一直都文静乖巧，我差点儿以为她在捣乱。我微笑着问她："你可以说说你的理由吗？"女生站起来，自信沉着地说道："因为我觉得楚州的百姓们才最冤枉。他们什么都没有做错，踏实本分地过日子，可窦娥的第三桩誓愿要让楚州亢旱三年，这只会让更多的老百姓流离失所，民不聊生。"

这位女生的想法也不无道理。文本解读向来是"仁者见仁、智者见智"。只是她的观点过于大胆，甚至完全否定了这部戏曲的主题。该怎么办才能既让学生自由表达观点，又能不断探究，辩证地分析观点，去伪存真呢？

❯❯ 临场应对

这时，有的学生不置可否，依然坚持；有的学生开始动摇，若有所思。看着再一次"炸锅"的课堂，我灵机一动，既然问题来自学生，就让学生自己去解决问题吧。我在黑板上写下"窦娥很冤"和"窦娥不冤"两行大字，化身主持人，让学生自行挑选论点，自由有序、有理有据地进行辩论。

正方认为"窦娥很冤"。几位学生代表从杂剧中列出事实：窦娥确实冤枉无辜。事实上她没有药杀张孛老，是张驴儿原本打算毒死蔡婆却误杀的。为了不让婆婆受刑、保全她的性命，孝顺的窦娥才承担杀人罪责，最后衔冤负屈地被处决。

反方认为"窦娥不冤"。最先提出新解的女生修正了一下自己的观点：与无辜的百姓相比，窦娥不冤。甚至窦娥成了一个向更孱弱的人施恶的恶人。他们的依据是窦娥的第三桩誓愿"楚州亢旱三年"。

学生们唇枪舌剑地辩论着，各抒己见。在辩论中，他们在窦娥没有毒死张孛老这件事情上达成一致，但在"亢旱三年"的誓愿上琢磨出不一样的感受。如果说窦娥需要借助违背自然规律的超现实现象，如"血溅白练"和"六月飞雪"来印证自己的清白还可以理解，那么"亢旱三年"的誓愿就显得矫枉过正、殃及无辜。

最后反方总结陈词道："诚然，窦娥没有谋害张孛老，她是冤枉的。但一个人的性命和楚州千千万万百姓的生命比较起来，却让我们看到窦娥可怜却更可恶的一面。我们能理解她临死前的无助和冤屈，但绝不能接受她将因果报应的诅咒转向比她更无助、更冤枉的老百姓。"

❯❯ 技巧点拨

本节课我采用的是辩论求真法，即当学生观点出现较大分歧，特别是和传统结论相背时，让学生在依据文本的基础上，有条理、有逻辑地通过自由辩论来分析印证的方法。

一方面，这种方法有利于学生认真阅读文本并深入地思考、理解文本，在思想不断地碰撞、反驳与被反驳中找出自己思考的盲区和漏洞，较好地锻炼学生的逻辑思维能力；另一方面，也能鼓励学生在阅读经典作品中提出自己独特、创新的思考和见解。

❯❯ 拓展迁移

辩论求真法适合学生质疑经典结论，提出惊人之语时，帮助学生自己发现问题、思考问题和解决问题。如本案例中，这名女生的大胆质疑打破了传统观念中冤屈的窦娥反抗皇权、反抗封建的思想束缚，激发了学生们的深入思考和讨论分析。这时老师不必急于否定或强加结论，宜让学生充分发挥自主学习的能力，在你一言我一语的辩论中将道理越辩越明。

学习小说《项链》后，我让学生分析马蒂尔德的形象。一名男生不以为意地说："虚荣的女人，活该啊！"几名女生当场就生气了，其中一个举手抗议道："爱美之心人皆有之。你看到她的虚荣，怎么没看到她的担当！"眼看着就要吵起来了，我赶紧稳住同学们，如法炮制，迅速让他们展开自由辩论，分析探讨。

正方同学认为马蒂尔德是"虚荣的女子"。小说中大段心理活动描写和舞会的相关描写可以印证。正是她的虚荣心作祟，让她借了一串假的钻石项链并为此赔上了十年的青春，自食苦果。

反方同学则认为马蒂尔德是"有追求和有担当的女子"。每个人都有追求更好生活的权利，而她的"虚荣"不过是人皆有之的爱美之心。马蒂尔德最可贵的品质是她在丢失项链后的诚实守信和勇于承担。她扛起责任并用辛勤的劳动偿还这笔巨额债务。

学生们在辩论中联系自身经历和社会生活，全面而深刻地理解了马蒂尔德的形象，也促进了他们对人生的思考。

教育感悟

对经典文本的解读，虽然已有一些共识，但"横看成岭侧成峰"，特别是新时代的学生会生发更具个性化的解读。当学生质疑经典结论，教师不必急于否定，宜抓住学生爱思考、爱辩论的特点，让学生自由辩论，在全面深刻理解文本和思想的大讨论中筛除那些肤浅、幼稚的看法，留下那些独特、创新的见解。让学生在辩论中思考质疑，去粗取精，去伪存真，收获成长。

湖北省黄石三中　涂　荣

当学生背诵出错，怎么办？

中华民族是一个拥有五千年悠久历史的泱泱大国，无数先贤用一支笔写尽了人世沧桑和风云变幻，给后人留下了宝贵的精神财富。因此，语文教材中选取了大量的经典篇章要求学生诵读，有些更是指明要求背诵。但事实上，许多时候学生并不能迅速地将之记忆，频频出错几近常态。

❯❯ 情景再现

某日晚自习时，我按照计划检查学生对《春夜宴从弟桃花园序》一文的背诵，学生L背完"古人秉烛夜游，良有以也"后稍作迟疑，接着背"况阳春白雪……"（原句为"况阳春召我以烟景"），全班同学哄堂大笑，L羞愧地低下了头。偶尔口误，这是很正常的事，我想。于是我提醒他不要太紧张，稍作休息，整理好思路再来一遍，其他同学也抱以期待的眼光。在一片安静中，L再一次开始背诵，一路无误，看来是没有什么问题了，正当我松了口气时，不料他又背成"况阳春白雪……"。连续两次在同一个地方出错，看来一定事出有因。

❯❯ 临场应对

经过询问，这名学生对"阳春白雪"的意思并不明了，只是先入为主形成了思维定势。想起上次月考中许多学生在"成语运用"和"名句填空"上栽了跟头，于是我决定改变思路。我先让L查出"阳春白雪"的意思并写在黑板上，帮助学生积累。经过查阅相关资料，L很快弄明白这个成语的本意是："战国时代楚国的一种较高级的歌曲，比喻高深的不通俗的文学艺术。"我问道："那么本诗中的'阳春'还是这个意思吗？"学生知道指的是"三月"这个具体时间。我说："我们以前学过的一首诗里，不是'阳春三月'而是'烟花三月'，你能想起是哪首诗吗？"L顺利地背出了《黄鹤楼送孟浩然之广陵》这首诗。我接着提示："这'阳春'和'烟'可都出现在我们今天的这篇文章（即《春夜宴从弟桃花园序》）里了，现在你能再给我们背诵一下吗？"L迟疑了一些，清晰地将课文背诵了下来。

通过这样的环节，不但化解了L的尴尬和羞愧，更让学生们温故而知新，取得了不错的效果。

技巧点拨

学生背诵出错，本是一个很平常的现象，但任何现象的出现都有其根源，面对学生的错误，大多数老师都能静下心来问一句"为什么"，然而知道了背后的原因后，又该如何化解呢？常言道：心病还须心药医。在背诵经典诗文时出了错，最好也应该从这里寻求解决之道。摘先贤之文脉，成自身之气韵，一线串珠，含英咀华，此法可称为经典引路法。

拓展迁移

学无常态，教无定法，任何方法的适用都有其根基。要准确使用经典引路法，首先需要教师自身具有一定的文化底蕴，不但对经典篇目耳熟能详，而且能够重新整理加工，抽丝剥茧，找出其中的共同点和差异点，能够站在更高的阶梯上对其进行组合运用，化繁复为简朴，变抽象为具体，使之能够带动学生，为教学所用；其次，它需要矛盾的推动，这个矛盾的起点正是学生的"错"，然后通过教师有意识的引导，借助经典的影响力和学生的日常认知，带领学生一路采撷，变陌生为熟悉，变熟悉为深知，从而扩展学生的知识视野，提升学生的学习水平。

高二复习时，一名学生背诵陆游的《书愤》，最后两句却变成"出师未捷身先死，长使英雄泪满襟"（本应为"出师一表真名世，千载谁堪伯仲间"）。显然，学生在这里是将两首诗混淆了。我因势利导，稍加提示："最后两句是属于另外一首诗的，你能想起是哪一首吗？"学生经过回忆，想起了杜甫的《蜀相》。我继续提示："杜甫的《蜀相》中说'出师未捷身先死，长使英雄泪满襟'，可是三国时期人才辈出，也有人做出了轰轰烈烈的功业，我们学过一首词，'千古江山，英雄无觅……'，你能接下去吗？"学生重温了辛弃疾的《永遇乐·京口北固亭怀古》这首词。眼见时机成熟，我稍加点拨："《书愤》的'出师'指的是诸葛亮挥师北伐，《蜀相》中的'出师'指的是诸葛亮写的《出师表》，所指不同，后面的意思自然不同，万万不可混为一谈。"

经过提示，学生们明白了诗歌具体的含义，自然也记得更加深刻。在这里我正是熟练地运用了经典引路法，从而让学生对学过的经典篇目进行了别出心裁的温习，在感受语言魅力的同时也加深了记忆。

教育感悟

对于经典篇目的记忆，一直是学生心中的老大难，许多学生认为这个过程不但艰涩，而且无趣，当然这无趣的并不是诗文本身，学生之所以有这样的感觉，究其原因，主要是他们对作品本身的理解未能深入，既不能置身其境，更不能静心感悟，蜻蜓点水式地草草阅读一番，自是难以品出其中三昧。如此一来，背不下来，背诵出错自是在所难免。因此，教师在检查的过程中可以适当地改变单一的背诵方式，借助学生的"错"，生发出更多的语言之花，寻找各个不同诗文之间的联系。这种联系可以是形式上的，如相同的意象、相同的字词等，也可以是内在的联系，如相同的情感、相同的风格、相同的题材等，使学生在不同诗文构就的美妙风景中一路前行。

"万花丛里过，片叶不沾身"，这是一种智慧，也是一种洒脱，可是在学习中我们恰恰要反其道而行之，我们应该教学生"万花丛里过，叶叶要沾身"，只有不停地汲取经典诗文的营养，才有破壁而出的可能。

陕西省安康中学（高新校区）　张远超

当学生课后"转头忘"，怎么办?

相信许多教师都对学生"转头忘"深有体会：作文批阅完从来不修改、课上强调多次的知识点课后全忘、小考出现大面积空白……古语有云，见一叶而知秋，窥一斑而知全豹。这些问题虽小，却能够反映出学生身上的懒惰、粗心等诸多不良学习习惯。习惯改变不了，问题就会永远存在。

情景再现

七年级刚开学时，我就组织学生写了一次作文。在作文评析课上，我针对学生呈交的作文进行了详尽点评，并拿出几篇典型作文进行全班众评。学生们针对这几篇有待提升的作文，纷纷提出自己的看法，兴趣甚高。临下课，我让全体同学回去将作文再进行第二轮修改，尤其是那几篇众评作文，一定要细致地加以完善。可第二天的修改反馈十分不理想，收上来的重改作文数量不到班级人数的一半。不少学生认为写完作文就算"万事大吉"，评课算是一种反馈，课后根本没有考虑到"打磨"这一阶段。存在课后"转头忘"问题的学生不在少数，不仅仅在作文修改上，在语文学习的其他方面也存在着这种课上课后截然不同的态度。说到底，从学生角度来看，他们的自律性较差，并且缺少吃苦耐劳的精神；从他人角度来看，教师与家长对学生的监督力度不够。只有"内外兼修"，才能使学生彻底改掉"转头忘"的问题，从而形成良好的学习习惯。

临场应对

在内在观念上，首先，我用榜样的力量来激励学生。看着收上来的作文，我压制住内心的怒火，先对这些修改作文的学生在班里进行了表扬。在对反馈作文进行批改的过程中，我挑选出了一篇优秀作文，并用投影仪进行了呈现。我告诉学生们，这是这位学生改动了两次之后的结果，由当初的语句不通，到最后被当作范文在全班展示，并明确了下次收取反馈作文的时间。其次，我将教师以身作则的理念落到实处。我把没有修改的作文又选取了两篇，从逻辑、结构、修辞、语言等角度与大家一起审阅，让学生们更加明确如何修改一篇作文。此外，我也拿了我自己的文章给学生们练习。

在外部监督上，三大举措同步推出：1.学生读作文。学生改完作文后，我让他们在课堂上轮流阅读修改过的作文。2.家长监督。放学后，我在家长群中通知家长监督学生的修改。3.合理运用奖惩机制。对于认真修改了的学生，我会在作文本上写一句鼓励暖心的话，让他们再接再厉；对于仍不修改的学生，我运用了惩罚机制，牺牲他们的自习时间，让他们来办公室，我亲自辅导修改。

✓ 技巧点拨

"转头忘"事小，可背后的问题重大，不认真对待，久而久之，会阻碍学生学习兴趣的养成，造成学习怠惰，而习惯一旦养成，便很难改变。此案例我采用的方法是内外兼修，从学生的内在观念、外部监督两方面改正学生"转头忘"的问题。"榜样激励法"和教师写下水作文的方法，既与学生拉近了距离，也增强了学生改作文的兴趣；读作文的方法，会使学生们因不想"丢面子"而认真修改作文，产生的紧张感会很好地解决"转头忘"问题。

此外，内外兼修法体现了学习的主客观相结合原则，符合学生的心理特点和认知规律，能增进学生的学习兴趣，改变他们的学习态度，从而使学生形成良好的学习习惯。

✓ 拓展迁移

内外兼修法适用于语文教学的各个环节，既能让"转头忘"的学生内心深处燃起一团上进的火苗，提高他们的学习兴趣，又能从外部集结各个力量加以监督强化，从而彻底改变学生不重视学习的不良习惯。此法还可以用在习题讲解课上用来督促学生记忆答题要点，也可用在课前小考环节，通过对易错字词的反复强化来解决学生"转头忘"的问题。

一次上习题课时我讲了现代文阅读的答题思路和方法，并对此反复强调，告诉学生们积累起来课后复习，下节课提问。可第二天上课我再提问其中的知识点时，很多学生都"转头忘"，甚至一些学生不记得讲过这个。于是，我就用了内外兼修法：我先找了一位成绩好的学生回答了这个知识点，对这位学生在全班进行了表扬，再和全班同学一起回顾，再次提出第二天要请学生到讲台前回答的要求。晚上，我在家长群里发布了现代文阅读的几个题型答题思路和方法，要家长课后监督孩子背好。第二天，我见一些学生课前还在拿着积累本在背诵，因为他们害怕待会儿上讲台会"丢面子"。经过我这种"双面夹击"的方式，大部分学生都能背下来，于是我在班上进行了表扬，并让那几个背不下来的学生到办公室来，我亲自辅导，直到他们能够背诵下来。

　　学生由于能力的差异以及自律性不同，对知识的掌握程度有较大差别。于是我那一个星期，每天课前都在提问这些知识点，只有不断重复才能让粗心大意的学生记得牢固。习惯成自然，等到学生养成了良好的课后复习习惯，形成了良性循环后，教学就能事半功倍。

⊻ 教育感悟

　　内外兼修法中的许多教学手段都是课堂上随时迸发出的智慧点子，这种看似"较真"的方法，却是最有效的釜底抽薪之法，教师需要有足够耐心，坚持下去就会发现其妙处。

　　对于中学生来说，他们正处于自律性差、情绪不稳定、学习态度不坚定等问题的高发阶段，因此，只有靠教师、家长、同学三方面共同努力，才能使其在良性轨道上越走越远。

吉林省白山市浑江区八一希望学校　赵小越

当学生不按时交作业，怎么办？

好的语文课堂是动态的，流动着诗意之美；好的语文课堂是充满生成的，闪耀着理性之辉；好的语文课堂是充满思辨的，激荡着灵魂和精神。作为一名语文教师，要用辩证的思想引导学生灵动地思维，去感受世界，感悟生活。

情景再现

距离上次讲授苏轼的《念奴娇·赤壁怀古》已经过去三年，但课堂上发生的事情却让我记忆犹新。

在整节课结束时，我又像往常一样抛出一个固定的话题："请同学们考虑一下，在这首词中，你读出了苏轼怎样的人生态度？到底是积极的人生态度还是消极的人生态度？这个问题当作家庭作业，请同学们将自己的观点写到周记本上，字数300字左右，明天上早自习之前收。"我布置完作业，踏着下课的铃声，满意地走了。回到办公室，我还暗自计划，明天白天上课一定把优秀的"作品"拿出来与全班同学分享，而我也会趁机将苏轼的人生态度"掰开了""揉碎了"好好地与同学们聊聊，谁让我崇拜苏轼呢！

第二天早上，当我迈着轻盈的步伐走进办公室时，课代表已在办公桌旁"恭候多时"，她用无辜的眼神看着我说："老师，我努力收了，可是还有好多同学没交作业。老师，我马上回去继续收，您别生气！"然后以迅雷不及掩耳之势回班级了。于是，我带着怒气冲到了教室，准备在第一节语文课前，好好"收拾"一下这群家伙。

可当我站到讲台上时，我又理智起来——总得问问这群孩子不交作业的原因吧。学生们低着头，窃窃私语，终于有一个同学站起来表达了自己的想法。其实孩子们都能感受到作者的人生态度，只是没有足够的"理由"去表述。换言之，他们对这个问题只能答出几个字而已。

面对此情此景，我觉得不能用"暴力"手段处理，而应该引导学生逐层分析，有理有据地得出自己的结论。

❯❯ 临场应对

我依照学生的观点，先领大家分析了苏轼诗歌中体现的消极的人生态度。比如"人生如梦，一尊还酹江月"这一句，"月"这个意象就反映着古代诗人骚客孤独寂寞的心态，反映着失意者寻求慰藉与解脱的心理。我又借势举了几个例子：岳飞的"三十功名尘与土，八千里路云和月"，姜夔的"二十四桥仍在，波心荡，冷月无声"，其中体现的思想与苏轼的相似。学生似乎明白了苏轼的消极思想是有一定根源的，苏轼47岁时因为莫名的"乌台诗案"被贬黄州，做了团练副使。学生理解苏轼的无奈：面对人生，面对自己的华发，只有举起酒樽，"还酹江月"。

分析过后，我又引导学生去分析苏轼人生态度中积极的方面。我从苏轼的身份、地位等方面入手来浓墨重彩地描绘这位旷世奇才——应该说这首词是苏轼被贬黄州的人生写照，百转千回，摇曳生姿，灿烂氤氲，有着千年的忧伤，千年的沧桑，却又有着千年的雄奇。林语堂在《苏东坡传》中写到"苏东坡是中国古代少有的快乐天才"，原因在于他的三样法宝——儒学、道学、佛学，正是这样的"三足鼎立"支撑了东坡，他才会说出"回首向来萧瑟处，归去，也无风雨也无晴"。

我带领学生分析苏轼的人生，想告诉学生，人生不如意十之八九，我们可以沮丧，但是在沮丧后我们依然要打点自己的精神，完成精神的突围。这才是苏轼，这才是千年才出一位的才子。

❯❯ 技巧点拨

此案例我采用的是辩证分析法，由此及彼，逐层分析，体味苏轼的人生哲学。辩证分析法强调用全面的、联系的、发展的观点看问题。在苏轼的人生态度上，我既让学生理解苏轼的消极与无奈，又让他们理解苏轼的大格局与胸怀。二者相互关联，消极中渗透着乐观与幽默。

此法适用于引导学生全面、客观地分析问题，锻炼学生的思维。

在给高一新生讲授《荆轲刺秦王》时，我请学生分析"荆轲刺杀秦王的做法到底可不可取"，学生们争得面红耳赤。一些男同学铁血热情，坚决支持荆轲的做法，对荆轲的做法给予肯定；而女同学多半理智，觉得这样做实在是以卵击石，得不到实效。于是我趁机指导他们运用辩证分析法，让他们联系当时的实际，重新审视荆轲的行为。支持荆轲前往秦国的信念是对君主的忠诚，对国家的热爱，是值得肯定的。但是秦国势力逐渐雄起，这又是一个不争的事实，天下大势，分久必合这是一种趋势，而荆轲只凭一己之力想力挽狂澜，甚至不惜牺牲自己的生命，这样的做法实在是不可取。当我讲完这些时，学生的脸上写满了沉思后的喜悦……

教育感悟

赞可夫曾说："当教师必不可少的，甚至几乎是最主要的品质就是热爱学生。"热爱学生是育人的开始，也是育人的终极。当教师发现学生不按时交作业，不要怒气冲冲，不要怀疑他们，要试着去寻找问题的根源。教师最大的力量不是发现学生的问题，而是发现问题后帮助学生解决问题。

教师的教育要有高度、广度，更要有深度。唯此，方为育人之师，方可训练思维，启迪心灵，传递知识与爱。

黑龙江省牡丹江市海林市柴河林业局第一中学　孙　博

当学生消极对待习题讲评，怎么办？

一些美好的东西之所以没有被发现，也许是因为认识还没有深入，或是自我的固有想法先入为主地阻碍了进一步的认识。作为教师，我们很重要的一项职责就是引领学生渐渐地认识到某些事物的美好，进而使之能够接受甚至喜爱。

情景再现

高一语文课进行习题讲评，同学们自主批改。我先将答案投影出来，同学们先对答案，如有不懂先在小组内讨论解决，小组不能解决的地方再提出来进行进一步讲解。大部分同学都在认真对照答案批改，但是有个同学一看就是只对了一下答案的对错，就没有进一步深究。别的同学在讨论，他只是在那做自己的事。这个同学语文成绩中上，总成绩在班上也是中上水平。上课听讲还算认真，但是并不是那种很积极主动的。如果课堂上讲到他比较感兴趣的话题，则会比较兴奋。如果讲到基础的知识，他就会表现出不耐烦和不屑一顾。这正是他学习语文的最大问题：仅凭自己的兴趣去学习，对基础知识却不会去深究。因此，他虽然有一定的阅读量，理解能力还不错，但是考试的时候成绩总是不能达到应有的高度。我一直试图找他谈这方面的问题，但是没有找到合适的机会开口。

这类学生的特点是比较散漫，学习只是顺着自己的兴趣来，他们一般觉得考高分也没有那么重要，只要不太差就可以。我认为他消极地对待习题讲评，主要还是缺乏兴趣，他并没有感受到习题讲评的快乐。因此，我打算引导他发现习题讲评的乐趣，并在乐趣中发现问题，解决问题。

临场应对

本次的习题中有一道文化常识题，是有关科举考试的题目，大家对了答案，一眼就明白了正确选项是哪个。但是一般的同学不会去深究关于科举考试的其他知识，他们对于科举只有一个大致的概念。不过也有同学对此兴趣浓厚，希望我来补充一些关于科举的知识。这个时候我就想到，正好可以借这个机会向同学们拓展讲解一些传统文化的知识，让大家知道在平常的做题过程中，可以延伸出去，并在延伸拓展的过程中学到更多的东西，也能收获喜悦。不过，我并没有打算一开始就自己去讲，而是问同学们谁知道更多的关于科举的知识。于是在一番讨论之后，就有同学开始发言了。在同学发言的时候，我明显感觉到他的眼里有了亮光，他也在听同学的补充，估计是讲到了一些他不知道的知识。他也想站起来发言，但是似乎欲言又止。我看出了他的心思，于是问他是不是有要补充的。他很高兴地站起来回答，回答完以后同学们鼓掌表示赞许。听完他的回答，我很高兴，紧接着便把科举制度的情况给大家做了一个比较全面的介绍。

大家听了以后很有感触，一道看似很简单的题目如果只是对了答案就过去了，那么就发现不了这么多新知识。如果深入挖掘，则可以联系到很多的知识，而且这些知识也许会很有趣。这样一来，在做题目、讲解题目的过程中，同学们不但收获了知识，而且获得了乐趣。

技巧点拨

此案例，我采用了趣味延伸的方法，由一个简单的习题，拓展其中的知识内涵，但是我并没有一个人霸占课堂，而是先让同学们讲述，根据他们已有的知识再进行补充。这种做法也符合以学生为主体、教师为引导的宗旨，充分调动了学生的主动性和积极性。关键在于，这样能够让同学感受到一道看似简单的习题背后深厚的文化内涵，而在探索这种文化的过程中不但能学到知识，还能获得乐趣。如此一来就能进一步引导同学们感受到，不能简单地对待习题讲评，其中有更多的知识与乐趣。

拓展迁移

因此，我们在进行习题讲评时，必须尽量避免停留在对答案的简单阶段，而应该尽量从一道好的习题拓展出去。这样做才能激发学生的兴趣，调动学生的积极性。讲评的时候也可以选择让学生自己讲，教师进行补充，这样课堂效率会更高。

　　高一上学期有一节课，讲评小说阅读，其中有道题涉及倒叙、插叙等手法，好多同学不能够完全理解，却又觉得没有必要纠结那么多。因此，我就问有没有同学能够解释一下，有一个同学很精准地辨析了二者的区别。我又引用了《百年孤独》的开头——"多年以后，面对行刑队，奥雷里亚诺·布恩迪亚上校将会回想起父亲带他去见识冰块的那个遥远的下午"这句话。我向同学们分析这句话里包含的现在、过去和将来的三种时态，正是这三种时态的融合，使读者感受到置身时间长河中的美。大家听得津津有味，好多读过这本书的同学更是感受到这部作品的伟大。这样就把平常的小说阅读题和名作阅读结合起来了，同学们不但理解了重要的知识点，还加深了对文学作品的理解。他们也感受到日常的小说阅读题也是一种文学欣赏，而不是简单的习题。

教育感悟

　　一些看似乏味的事物的背后，也许暗藏了很多的妙不可言。作为老师，我们要引领学生发现美，进而培养其兴趣。这就需要我们教师根据学生已知，带领他们发现未知的世界，在探究的过程中，学生自然就会收获更多。进而我们应该教会他们发现那些看似简单的事物背后的不平常，而这种不平常也许非常值得我们去探索。

　　老师，必须扮演好一个领路人的角色，引领学生发现更多的美好！

江西省上饶中学　袁　扬

当学生学习用功而成绩不佳，怎么办？

考试成绩的高低不能说明学生素养的高低，但是对高三学生来讲，面临的高考是用分数来选拔的，考试的成绩显得尤为重要。教师要循循善诱，善于引导平时学习很用功但成绩不高的学生，既要调动他们学习的积极性和热情，又要帮助其提高成绩。

情景再现

刚刚结束了全市的高三模拟考试，我让学生们写一份自我反思，反思这次考试的得与失，总结经验和教训，并指出后期复习的方法和策略。小佳同学的反思写着："老师，我平时很努力在学习语文，按照您的要求去做，自认为做得很认真，但是这次语文考得不好，比去年的高考成绩还要低。我是不是比别人笨呀？希望老师不要放弃我。"

我知道小佳同学是一个敏感的女孩子，她是复读的考生，希望通过复读考入心仪的大学。小佳特别想考得好一点，以此坚定她选择复读的信心，从她的反思中我看到了孩子的困惑和无助，甚至期盼老师能给她指点，给予她前行的力量。作为多年带高三的老师，我深知老师的鼓励对一个无助的孩子的重要性，我将从心理上给孩子更多的暗示，语言上激励她，让她自信而充满激情，发挥出最大的潜能，度过心理焦虑期。

临场应对

我在她的反思后面回复："聪明好学的小佳，你是一个勤奋努力的学生，天道酬勤，相信你会考出好成绩的。一次考试的失误不能代表你学习不好，人贵在能发现问题，改正不足，争取下次考出好成绩。高三这一年，老师会和你一起走过，老师相信你的成绩会有所提高。"

我让小佳到办公室，拿着试卷，比照答案，分析她答错的原因，结果发现很多错误是粗心造成的，而粗心的症结在于没有看清题干的要求，比如：问的是文章标题的寓意，她回答的是标题的作用；试题是结合诗歌的尾联分析作者的情感，她分析了全诗的内容。我告诉她，要做好语文试题，关键要提高审题的能力，想清楚题干要求，就会答得准确，做到细心、用心，语文学习并不难。

我又问了问她的学习方法，发现她死记硬背的多，理解记忆的少；应付作业的时间多，自主学习的时间少。我给她建议，知识的积累在于理解和运用，不能靠死记硬背。另外要有计划、有步骤地学习，每天除了完成老师布置的作业，要合理安排自己的学习计划，解决自己的学习问题，不能被动学习。最后我不断鼓励她：我们一起坚持，坚持就能遇见更美好的自己。我们不能辜负自己，不能辜负自己的梦想，要"以梦为马，不负韶华"。

❯❯ 技巧点拨

此案例我采用的方法是循循善诱，由浅入深，根据学生的状况，满腔热情地帮助学生分析，细致地引导学生进步。教师要善于启发学生，善于点拨学生思考，用合适的话题吸引学生，引起学生的兴趣。

此方法也体现了教师对学生的关爱，尤其是对学困生的关爱，能缩短师生之间的心理距离，春风化雨般达到疏导教育的目的。越是困难的时候，学生越需要耐心、细致的教育，越需要老师的帮助和鼓励。

在上述案例中，我倾心关注学生，遵循心理学的知识，理性的分析和鼓励的话语能起到心理暗示的作用，使教师的教育转化为学生的自我内省。

❯❯ 拓展迁移

《论语·子罕》中颜渊感叹说："夫子循循善诱人，博我以文，约我以礼，欲罢不能。"由此可见孔子教育的艺术在于循循善诱。不仅在育人方面要循循善诱，在教学中依然需要循循善诱。

在《烛之武退秦师》的同课异构教学活动中，在分析文章的论辩艺术时，我没有直奔主题，首先提出了问题：晋国为什么要联秦攻郑？烛之武在什么情况下出场的？学生在熟读课文的基础上找出："以其无礼于晋，且贰于楚也。"接着诱导学生分析了这场战争的形势，学生发现："晋侯、秦伯围郑"，两大国围一小国，兵临城下，形势严峻。我适时点拨围郑原因，明确围郑与晋利害相关，和秦利害关系不大，所以秦可以争取。又让学生找出驻军位置："晋军函陵，秦军汜南"，分兵驻扎，郑有机会单独与秦接触。在这些问题铺垫之后，最后抛出重点问题：烛之武是怎样说服秦伯退师的？让学生自读、讨论，找出相关的句子，理解内容，探究说辞的思路和艺术：烛之武能够站在秦的立场上，替秦国分析围郑的利弊，层层深入，击中要害，以此打动秦伯，使秦国最终"退师"，以智慧的力量击退秦、晋两大国，最终保全了郑国。

教育感悟

在教育教学过程中，我们应重视心灵的沟通和交流、情感的碰撞，要能走进学生的心里，唤醒他们内心深处向善的本性，让学生感受到教师的真切。教师只有深谙其中的精妙之处，才能纯熟运用循循善诱的方法，在潜移默化中达到教育的目的。

循循善诱的教学思想需要深厚的知识积淀和储备，需要有教育的智慧，懂得审时度势，因势利导。教师要热爱学生，以关爱为桥梁，以善诱为启发，让学生走出迷惘，用关爱帮助他们树立信心，用言语激励他们努力学习，以达到教书育人的目的。

陕西省宝鸡市姜谭高级中学　张肖侠

当学生说读名著无用，怎么办?

工作15年，遇到过各种各样的学生，自己因此有时候豪情满怀、激情万丈、充满理想，有时候又满心挫败、情绪低落、跌入现实。然而静心细想，优秀学生固然能给老师带来成就感，但突发意外的"问题学生"更能磨炼一名老师的教育机智和耐心。有时候，这些节外生枝的事件正是发现并解决学生问题的契机。

情景再现

为了推广阅读，我在每节课之前安排了课前演讲活动，主题是"名著推荐"，活动进展得很顺利，学生由此知道了许多著名作家。有一天的课前演讲，一名学生走上讲台，他是大家眼中的怪男孩，个性偏激、自以为是、冷漠孤独。从他的随笔中看出他平时爱打游戏，是凭着一时的聪明和临时抱佛脚考上的高中，这也正是他引以为傲的资本。我隐隐有些担心，同时又有些期待，想看看他这样的学生能为同学们推荐什么。虽然心里有所准备，但他一张口还是"一鸣惊人"："我本来不想讲，但被逼只好讲。"冷漠的话音刚落，同学们一片哗然，纷纷扭头看着我。我知道孩子们希望凭借老师的权威去及时制止这名男生。但我泰然而笑，对他说："你有继续发表自己意见的权利。"利用权威阻止一场自由的表达，这种做法本身违背我做老师的原则；更重要的是，我想知道他为什么这么说，有这样想法的孩子有多少，他是不是有代表性；而且我相信无论他说出什么我都有办法接招，说不定这是一个很好的教育契机。我喜欢真诚，尽管是鲁莽的真诚，我想用真诚感化真诚，我想了解孩子们的内心，我相信我能行。

没承想，这个男生接下来的言论更加偏激，他大谈学习无用论，说读名著更加没用，并列举打游戏的诸多好处，其他同学对其观点忍无可忍，几次发出极不赞同的声音，可他却毫不在意。我保持倾听的耐心，时而踱步，时而低头，其他学生也明白了我的意思，他们在等着我最后"爆发""训斥""给点颜色"的时刻。

临场应对

待这名男生说完，我带着微笑自信地走上讲台，感谢他坦诚表达自己真实的想法，并且告诉同学们：通过随笔我了解到怀有这样想法的同学不止他一个人，所以"读书无用游戏有趣论"有一定代表性。喜欢打游戏的人之所以觉得它有意义，是因为他们在现实生活中无法体验到成功的自信，所以沉湎于游戏来获取虚拟世界里的成就感。然而一旦走出游戏进入现实，他们还是那个自卑而失败的人。所以真正的成功与自信源自经过自己的踏实努力而获得的自身价值。

剖析了玩游戏的心理之后，我说到了学习与人生，说到了"有用的知识"和"无用的知识"，说到了我们的读书，很多书现在看来也许没什么用，不能直接变成分数，但是通过长期的浸润，书能带给我们思想的提升，而思想对于我们的学习和人生是最宝贵的，路遥的《平凡的世界》激励了一代又一代的青年，帮助他们实现自我，这就是读名著的价值。

最后我总结道：每个人对价值的判断不一样，但价值一定是充满正能量的，那么，让我们回到课本，看一看约公元前两千年前，一名义士荆轲，为实现自我价值而进行的人生选择吧！我的话说完，那名男生低下了头，同学们用掌声告诉我，他们知道自己今后该怎么做。

技巧点拨

此案例我采用的方法是欲擒故纵，我知道学生思想认识有偏差，我也知道想要他真正认识到自己的偏差光靠苦口婆心的说教是不行的，必须利用一个契机，让他充分发表自己的意见，然后我一一反驳，这样方能让他心服口服。这也体现了对学生的尊重，双方平等地讨论问题，都有表达的机会，最后我通过事实与说理，将学生的思维认知引导到正确的轨道上，并借机提升他们的判断力和思考力。

高三复习课相对来说比较枯燥，一个专题往往要复习好几周，学生难免产生审美疲劳和懈怠心理。有一次进行文言文课堂限时训练，我正在教室里来回检查学生做题的进展情况，忽见一名平时学习还不错的学生肆无忌惮地趴在桌子上睡大觉。我眉头一皱，两下把他拍了起来，又敲敲作业本，示意他上课要注意。我满以为这名同学会配合我的教育，甚至感激我对他的关注与督促，谁知这一切竟是我的一厢情愿，他极不屑地对我说："我做完了。"我看看时间，判断这么快的速度准确率未必高，就提醒他继续看题，争取准确无误。谁知他又说："我都会。"想到这名同学平时成绩虽然在班上还不错，但不踏实、易骄傲，我决定暂且不跟他纠缠，以免影响其他同学做题。十分钟过去了，限时训练结束，进入对题解题环节，我故意叫刚才那名同学解题，果然不出所料，他完成得并不好。我趁机说道："这些知识看似都讲过，但真正做的时候未必游刃有余。很多时候，觉得会和真的会是两回事，希望同学们踏踏实实、科学训练，圆满完成高三复习，高考中取得佳绩。"那名男生低下了头，悄悄拿出笔记本，认真地做起了笔记。我知道，因为"故纵"，我把他"擒住了"。

教育感悟

永远把尊重学生放在首位，永远耐心地倾听学生，把学生当成真诚的表达者，并用自己的真诚和智慧帮助学生回归正途，给他们一点时间和空间，怀抱宽容欣赏的态度，才能收获一路花开。

陕西省西北工业大学附属中学　刘　亚

当学生不喜欢背诵古诗词，怎么办？

五千年的悠久历史，孕育了深厚底蕴的华夏文明；源远流长的古典诗文，筑就了经久不衰的民族瑰宝。中华经典，是中华民族不可或缺的文化基因和精神食粮，蕴含着滋养后人高尚品性的丰富内涵。学生们多背诵古诗词可以了解祖国文化的博大精深，还可以陶冶性情、开阔胸襟，也为他们提供了丰富的智力来源。

❯❯ 情景再现

早读，检查学生们古诗词的背诵，还有一部分学生没背过，简单的五言诗有十几个学生不会背，这是不应该出现的情况啊，更有一个孩子，连书都找不到了。再看背诵中的学生，也都是在应付公事似的背诵着，没有一点激情。

五年级的学生背不过简单的五言诗，不是能力的问题，而是学生不喜欢背诵，没有兴趣的学习自然也就没有动力，效果可想而知。兴趣才是最好的老师，那一刻，我感觉必须先从孩子们的兴趣入手，让学生们喜欢上经典诵读，才能用心去背。

❯❯ 临场应对

我让孩子们打开《中华传统文化经典诵读》第13页，我们比赛背诵张九龄的《望月怀远》。听说我要和他们比赛，孩子们的精神立即高昂起来，我抓住时机问："孩子们，敢和我比吗？"随着一声"敢"，孩子们的积极性被激发了出来。当我把书合上，一字一顿地背出"望月怀远，唐，张九龄，海上生明月……"，孩子们的眼里满是佩服。我趁机解释诗意：作者张九龄离乡时望见明月，立刻想到远在天边的亲人，于是写下了这千古名句。很多古典诗词中都有月亮，古人经常借月亮来抒发自己的情怀，来写自己的思念之情。比如，苏轼的"但愿人长久，千里共婵娟"，李白的

"举头望明月，低头思故乡"，王安石的"春风又绿江南岸，明月何时照我还"，杜甫的"露从今夜白，月是故乡明"……

孩子们的兴趣被激发出来，原来这就是经典，原来经典就在我们身边。要求学生们背诵的，我也一样背诵，做学生们的榜样，和学生一起背诵经典。

技巧点拨

此案例我采用的是经典引路的方法，当学生们表现出对背诵的厌倦时，我拿出一首或者几首古诗词引路，让他们认识和体会到古诗词是我们的国粹，是祖国语言的根基。诵读古诗词不但可以帮助学生学习语文，培养学生的理解力、记忆力和想象力，还可以让学生在不断地咀嚼、玩味的过程中，潜移默化地受到熏陶感染。

拓展迁移

要让学生从根本上喜欢古诗词，喜欢经典文化，还要从以下几个方面努力。

1.故事引趣，激发情感。诗人写诗，大多由情而发，在诗的背后往往隐藏着一个动人的故事。在引导学生背诵古诗时，把这些故事讲给学生听，不仅能帮助学生理解古诗的内容，而且能激发学生学习古诗的欲望。如背诵《题李凝幽居》时，先给学生们讲"推敲"的故事，再引导学生背诗。听完故事后，他们饶有兴趣地背起来，自觉地在诗中体会推敲的含义。在此基础上讲述王安石《泊船瓜洲》"春风又绿江南岸"中"绿"字的提炼，讲述"一字之师"的故事，这样不仅使学习古诗充满趣味，而且也激发了孩子们背诵经典的欲望。

2.抓住契机，及时引导。直接给学生推荐古诗，让学生背诵，学生会感到枯燥无味。如果能够及时抓住周围环境和情感的变化，再引导学生学习古诗，就会产生较好的效果。初春时节，小草刚刚冒出嫩芽时，我们一起背诵《早春呈水部张十八员外》，感受"天街小雨润如酥，草色遥看近却无"的早春美景；清明前后都会下起绵绵春雨，我们一起背诵《清明》，体会"清明时节雨纷纷,路上行人欲断魂"的愁绪;春暖花开的时节,我们一起背诵《春日》,欣赏"等闲识得东风面,万紫千红总是春"的美好景致。有了周围环境的依托,学生很容易进入古诗描写的情景中。

3.课内激趣,向课外拓展。古诗词中有很多题材、内容相似,背诵时可以抓住较为典型的一首,引导学生把同一题材的诗联系起来学习,既扩大了阅读知识面,又能调动学生学习古诗的积极性。教学完杨万里的《晓出净慈寺送林子方》一诗后,引导学生背诵描写西湖美景的诗词——《钱塘湖春行》《饮湖上初晴后雨》《题临安邸》,课内激趣与课外诵读相结合,学生更深刻地理解诗的情感,并形成一个知识组块。

4.紧跟形势,感受美好。把《经典咏流传》《中国诗词大会》等流行的节目搬上课堂,让孩子们知道经典永不过时,了解经典更深层次的含义,引导学生看康震老师、郦波老师的评价,感悟经典的神韵,理解经典在新时代的含义。

教育感悟

经典,有无穷的魅力,是在当世仍有典范意义与价值的优秀文化遗产。有些孩子因为自己的阅历和读书数量有限,把经典视为"啃不动的馒头",这时候,老师要采用适合他们的方式积极地引导,不论在行动上,还是在对经典的体会上,时时都让孩子们有新的感悟,孩子们才能兴致勃勃地去爱上经典、玩味经典,才能把经典转化成自己的能量。兴趣是最好的老师,老师帮助孩子们培养好了兴趣,孩子们就有了迈向"经典"大门的"敲门砖",当他们把背诵经典当成一种爱好,那么背诵经典将成为他们的主动的需要,而不是负担。

山东省临清市武训实验小学　任淑娥

当学生曲解文本，怎么办？

学生曲解文本，更多的是学生自己的认知和文本作者的本意产生了冲突，我们应怎样掌握学情，顺势引导，让学生获得成长？

情景再现

公开课，我给学生讲授《氓》，前面一切都非常顺利，当我让学生"基于自己的社会认知，真诚地谈一谈你对女主人公的看法"时，尴尬出现了：

大多数学生是谴责"氓"的，而一个男生突然站起来说："老师，我觉得女主人公也有错。""啊？"我出乎意料，"怎么错了？""我觉得，女主人公不能总是想着劳作，以至于让自己很快未老先衰，不再有吸引力，遭到抛弃。她应当适当地注意保养，打扮自己，从而吸引男子，就不会如此悲剧。"那男生特别地把"适当"加了重音，这是深思之后的重音。所有的学生、老师全都把目光投向了我，场面一下子紧张了起来。

"怎么办？"我在心里想，"是什么思想让他这样想？这种想法对不对？如果不对，不对在哪里？恶意他是没有的，但怎样才能一语中的解决问题？"

我忽然想到这名学生一篇周记中的内容："人不能太傻傻地付出，否则吃亏的终究是自己。不得不说，现实中这样的观点非常典型，特别时尚流行。"如果从这个角度说开去，不仅无助于问题的解决，而且会把课堂带入无底洞。

虽是几十秒的事，但对于一堂公开课，已是足够长，教室里空气一下子紧张起来，那位男同学脸上显出不安。他，毕竟是善良的！

临场应对

"大家看《非诚勿扰》吗？"我问。

学生齐声答："看！"

"我记得有一期是这样的，一个女孩对男孩说：'我负责貌美如花……'"

"你负责赚钱养家。"许多学生笑容满脸，紧张的气氛一扫而光。

"我还记得，那位男嘉宾是这样回答的：'我能一直赚钱养家……'"

"你能一直貌美如花吗？"一学生抢着说。

"所以，女人只靠打扮是不会受欢迎的。大家想一想，女主人公被男子抛弃的关键原因是女子不打扮吗？"

"关键原因肯定不是不打扮！那是什么呢？"学生陷入了思考。

"我们还是从诗中男子的角度去找，我们看看女主人公的兄弟的态度……"

我从"时尚"入手，一下子把课堂引向了深入……

技巧点拨

这个案例告诉我们：一是必须掌握学情，任何技巧的显效，都离不开基于学情。二是教师至少应当了解时尚，时尚永远是教师联系学生的纽带。三是要有一颗诗心，尽可能地给学生以"善"的指引。

拓展迁移

董一菲老师说："语文应当教给学生悲天悯人的情怀。"这句话的本意，我觉得是：要能够让学生最善良地理解人，从而最真诚地理解社会，温暖社会。教育教学中教师因势利导，引导学生用悲天悯人的情怀去解读文本，就是对"丑"最有力的剖析，就是对学生最人性的培养，就是给学生以课堂的温暖。

有一次初高联谊课研，我到一初中学校借班上课，教鲁迅的小说《故乡》。候课时，一名男孩怯怯地看着我从面前走过，我忍不住轻轻地摸了一下他的头，因为别的同学包括女同学都没有那种怯怯的感觉。

课顺利地讲完了。我顺口问学生："大家谁还有问题，可以问，我们共同讨论。"这时，那名怯怯的男孩站起来："老师，闰土自己叫迅哥'老爷'，也让自己的儿子叫迅哥'老爷'，这不是错辈了吗？"

课堂轰然一片笑声，男孩满脸通红！

从男孩的神情中，我读出：他可能在这个班"矮化"很久了，如果不是我上课前那轻轻一摸，这个男孩这节课可能还会"矮化"下去。但是，我怎么解决呢？既要化解男孩的尴尬，又要巧妙地化解问题，因势利导，锻炼学生。

师：老师知道这位同学心里清楚这个问题，他只是不知如何表达这种现象，哪位同学能用最简短的语言，给他讲清楚这种现象？

学生1：迅哥是村里有身份的人。

学生2：村里的有钱人别人都这么叫。

……

师：这位同学，听了这些同学的解说，你清楚了吗？（那位学生摇摇头）

师：同学们，只有自己做过，才知事情的轻重。所以，我们千万不能随便笑一名同学。用最精练的语言，解答问题，既是一种能力，也是对别人的尊重。大家跟着老师分析——

师：闰土和他儿子之间，是父子关系，这叫什么？

生：辈分。

师：闰土其实和迅哥是同龄人，为何叫他"老爷"？因为迅哥有——

生：身份。

师：那么，怎样组织语言就能说明这个问题呢？"老爷"在这里不是辈分，是——

生：身份。

我看到，学生满意地微笑，那名男同学一脸的获得感。

在案例中，男孩想在我这个陌生却温暖的老师面前表达他青春懵懂中对自我肯定的渴望。这时，我任何的错解、任何的随意都可能伤害一个已经很自卑的男孩的自尊心，同时点燃别的学生的傲态。我灵活处理，化解了男孩的尴尬，锻炼了学生的思维分析能力和语言表达能力，更主要的是给男孩以尊重，给其他同学以成长。

必须了解学情，这也是一种"诗心"。

我认为，好的课堂不应该是"按照教案演习"的课堂，而应该是"让学生获得成长的课堂"。"诗意"的课堂，应当是能够让学生最"真诚"地发展的课堂。

备课，永远不只是备文本，还有学情！

山西省平遥县第三中学校　郭天明

当学生进入不了阅读情境，怎么办？

在小说阅读中，常常有一些学生难以进入阅读情境。其主要原因有以下两个方面：一是有些小说创作年代久远，学生缺乏相关的人生经历，难以产生情感共鸣；二是学生对老师单一的内容讲解提不起学习的兴趣。于是，课堂上常出现教师滔滔不绝而学生却哈欠连天不在状态的情况。

情景再现

《祝福》中的祥林嫂是一名农村劳动妇女，先后失去两任丈夫，小孩被狼叼走，自己被倒卖逼婚。她虽苦苦挣扎，但仍受到歧视，最终死于大年夜。在教这一课时，我正在分析祥林嫂的人物形象，突然一学生在小声嘟囔："祥林嫂这人真笨，怎么不跑呢？"旁边的同学顿时笑了起来。我发现不少学生，要么低头在做作业，要么昏昏欲睡。我放下课本，询问大家对这篇小说的理解情况，学生表示，对祥林嫂的悲惨遭遇虽有所了解，但对造成其悲惨命运的原因却并不清楚，所以难以进入到小说的情境之中，更提不起学习的兴趣。

临场应对

为激发学生的学习兴趣，我使用了引生入境法。我先从"三寸金莲"说起，又说到封建社会的"三从""四德"，再谈到辛亥革命和鲁镇的社会环境，并适时展示一些老图片和文字介绍，从而营造了小说故事发生的情境。学生了解了祥林嫂的生存环境，渐渐对课文产生了兴趣。

这时我趁热打铁进行细节研读，进一步带领学生进入情境。我让学生朗读描写祥林嫂被抓那一段，分析两个男人"跳""抱""拖""堵""捆"和祥林嫂"哭喊""躺"等动词。学生开始愤愤不平，有的惊讶地张大嘴巴。我又带领学生朗读祥林嫂被逼拜堂的那一部分，不少学生眼眶湿润了，课堂陷入了沉默中。然后，我和学生们一起串联起祥林嫂的一系列遭遇，从夫死出逃，到被卖改嫁；从夫死孩亡，到被赶离家；从变身乞丐，到死于雪夜。大家展开讨论，提出一系列问题，比如："为什么祥林嫂不逃出鲁镇？""为什么祥林嫂会相信捐门槛能改变命运？""卫老婆子和柳妈是好人还是坏人？""祥林嫂的人生有没有其他的可能？"……

我没有急于回答这些问题，而是继续引生入境，让学生角色代入，设想自己就是祥林嫂，那么会采用什么样的方式去反抗命运的压迫，然后与祥林嫂的"捐门槛"对比，找出差异及原因。同学们发现原来造成祥林嫂悲剧命运的根源在于社会，在那样一个社会环境中，祥林嫂难以摆脱封建思想的束缚和封建礼教的压迫。通过探究，大家认识到造成祥林嫂悲惨命运的社会根源和历史根源。

∨ 技巧点拨

此案例我主要采用了引生入境法，即通过创设小说故事发生的情境，让学生融入到故事中。在授课前，我先介绍故事发生的环境，让学生们了解小说的创作背景；接着带领学生朗诵，让学生对小说中的一些细节深入研读思考，领会作者独具匠心之处，体会主人公的形象；然后让学生们代入角色，回答"如果你是主人公，你会怎么做"等问题，在比较中分析其特定的社会背景和人物性格，从而认识小说主题。

∨ 拓展迁移

只有进入情境，才能更好地认识人物，理解主题。引生入境法，能够带领学生进入小说的情境中，让学生在小说所构建的故事中经历一种别样的人生，感受人物的喜怒哀乐和悲欢离合，感受小说的独特魅力。所以，教师在教学中，不仅要考虑这节课的教学目标，还要考虑学生的年龄特点和心理需要，让学生了解特定背景中的特定人物，把学生带入到小说的情境中，只有这样才能感染学生，激发学生审美的动力。

《装在套子里的人》一文中，俄国作家契诃夫塑造了一个因循守旧、胆小懦弱、害怕变革、竭力维护现行制度的"守法公民"别里科夫的形象。在讲这一课时，我也发现学生始终进入不了小说情境，理解不了别里科夫老是把自己装进套子里这一怪异行为背后的深层原因，于是，我想起了引生入境法。我先介绍了19世纪末沙皇专治统治时期的社会背景，让学生理解在那样一个高压形势下人们的生活状态和思想状态。我让同学们设想如果自己就生活在那个时代，会如何面对周围人的监视和社会中的新事物。我还带领学生研读了别里科夫谈恋爱的那一部分，感受新旧两种思想的巨大冲击。终于，学生们慢慢地融入到小说的情境之中，开始全面而深入地认识小说人物和主题，大家对晦涩难懂的外国小说也逐渐产生了兴趣，我又找来其他几篇外国小说片段让大家阅读，收到了良好的效果。

教育感悟

"存在即合理"，学生进入不了小说情境也是正常的，唯有从情感上融入到小说所创造的审美世界中，体会故事和人物所蕴含的意义，才能激发自己探索的兴趣和热情，才能获得更深刻的认识。只有进入情境，才能使学生深入感受小说的独特魅力，并在故事中熏陶心灵，启迪智慧，升华人格。引生入境是小说教学的需要，也是学生主体地位、教师引导作用的体现。

如何引生入境？我想每个人都有自己的方法，我所采用的是通过背景介绍、朗读品味、角色代入、小组讨论等方式带领学生进入到小说情境之中，深入分析探究小说的背景、人物和情节。此方法能增加学生的情感认知，而情感认知能给人留下更深刻的认识，从而有助于小说教学目标的达成。

安徽省亳州一中　高洪生

第四章
行为问题指导

当发现学生作弊，怎么办？

"人非圣贤，孰能无过"，更何况是生理和心理都处于发育过程中的学生呢？泰戈尔说："使卵石臻于完美的，并非锤的打击，而是水的且歌且舞。"我认为教育的最佳方式不是说教和压制，而是耐心细致的引导和润物无声的渗透。

❯❯ 情景再现

早读课我还没有走到班级，就发现英语老师在走廊训斥小刚，英语老师暴跳如雷，小刚毫不示弱。英语老师见我来了，交代了一下事件起因，调头去隔壁班继续听写单词。原来英语老师听写单词时，小刚事先用铅笔把可能听写的单词写在了桌子上，被英语老师发现后，不但不接受惩罚，还拒不承认错误。

见到我来了，小刚有些许的畏惧，但是态度仍然强硬。我知道想要把这件事处理好，十几分钟的早读课肯定不够用。第一节课是我的语文课，而今天我要讲的课文是《小狗包弟》，这篇感人至深的文章讲述了"文革"时期巴金先生迫于无奈，将小狗包弟送到医院解剖台的辛酸往事，表达了自己愧疚和自责的痛苦心情，表现出敢于解剖自己的巨大勇气。何不讲完这一课，再来解决这个问题呢？

❯❯ 临场应对

当课外迁移环节讲到如何看待德国的忏悔与日本参拜靖国神社的问题时，我故意让没有举手的小刚来发表自己的看法。小刚声音似蚊，但我还是听清了他的回答：德国的忏悔与反思赢得了全世界的原谅和尊重，而日本死不悔改的态度让世界爱好和平的人们非常愤慨。

还不错，这节课他认真听了，也领会到了文章的真谛。看着小刚微微泛红的脸颊，我因势利导："小刚，你能不能在今天的日记中反思一下，你与英语老师的'单词事件'呢？"

小刚在日记里承认自己抄单词的行为是错误的，承认在对待英语老师的批评时，自己的态度不正确。但是他也在作业里表达了自己的不满，他满心委屈地问我：为什么小雅在月考中作弊，给班级抹那么大的黑，老师不追究，而他不过是在平时小测试时，抄了几个单词，却要受到英语老师的训斥与责罚？

弄清了孩子行为背后的动机，我知道火候到了，于是我将小刚叫到谈话室。我没有先和他讨论抄单词的问题，而是询问他："你认为包弟的死是不是巴金先生的责任？"

他不假思索地脱口而出："不是巴金先生的责任，他迫不得已才把包弟送到解剖台，他也是'文革'的受害者。"

接着我继续追问："那巴金先生为什么会受到大家的喜欢和敬仰呢？"

他这时有点害羞地说："因为他敢于承认自己的错误。"

我摸摸他的头说："是的，他敢于承认自己的错误，而且不为自己曾经犯下的错误找借口。老师看到你在日记中的自我反思了，你认识到抄单词的行为不对，知道对待英语老师的批评时态度不正确。可是我觉得你的反思不够深入，错了就是错了，为什么还要给自己的错误找借口呢？"

技巧点拨

此案例我采用的是引导法，即在学生犯错时，教师要创造机会引导学生对自己的行为进行冷静的思考和深入的反思。苏霍姆林斯基曾说："最好的教育是自我教育。"学生在教师的引导下，切身地认识和感悟远远胜过教师的说教和批评。多引导，少约束，这样才能切中问题实质，找到理想的解决方案。

拓展迁移

一把钥匙开一把锁，每一个犯错误的学生心态各有不同。对于能够主动承认错误、勇于自我批评的学生，教师就不必再对其做过多的批评。否则，会使学生犯错后不敢承认，甚至会抱有侥幸心理，回避和掩盖自己的错误。教师一定要弄清犯错学生行为背后的真正动机，从而确定行之有效的对策，只有因材施教，才能做到正确引导。

既然小刚提到了小雅作弊的事情，我就和小刚详细地说了说小雅在作弊事件发生后的种种表现：小雅因为一个特别重要的数学公式没记清楚，开考前匆忙地将公式写在橡皮上，她还没来得及抄，就被监考老师发现了。据监考老师反映，整场考试她一直在啜泣，而且考完试后，她主动来到我的办公室承认了错误。她知道自己不应该违反考试纪律，知道自己的行为给班级抹了黑，并且愿意接受一切处罚。

我觉得既然小雅对自己的错误有如此深刻的认识，我就无须再批评教育她。再说学校已经给了她通报批评的处分，如果我再责骂她，只会加重她的心理负担，无助于她改正错误。《黄帝内经胎育智慧》中记载的育子"七不责"的教育方法，其中有一条就是——愧疚不责。既然小雅已经进行了自我行为的纠正，我觉得这个时候宽容和原谅会收到比责罚更好的效果。

讲述完小雅作弊问题的始末，我又将皮球踢给小刚："为什么你和小雅都作弊了，老师没有责罚她，却非常生气地批评你呢？"

小刚低下头惭愧地说："因为我不能主动承认自己的错误，而且态度恶劣，还强词夺理……"

教育感悟

教育不应是低效的说教和简单的责罚，而应因势利导，让犯错的学生深入地认识自己的错误，最好还要给他举一个正面的事例，让他通过比较，切实地弄清自己犯错的原因。著名教育家陶行知先生说"教育是一门艺术"，艺术地引导学生发现自己的错误，胜过无数声嘶力竭的言语批评。

作为一名人民教师，我希望自己拥有更精通的专业水平、更科学的教育理念。因为学生的情绪波动大、可塑性强，成"佛"成"魔"，一念之间，我希望自己能成为学生成长道路上的摆渡人，能够安全地把他们送到成功的彼岸。

吉林省珲春市第一高级中学　付艳文

当学生说"另一个我不让我写作业",怎么办?

审视缺憾,发现生活水波下的坑坎暗流,这不应缘于视觉,而应缘于理智。我们应该教会学生直面缺憾,正视缺憾,在分数的磨刀石上,在高考的疾风冷雨中,撕去一腔孤勇、满腹清高的浮纱,在春寒料峭中看朝暾夕月,在秋意袭人时任烟雨平生。

情景再现

上课了,该讲《赤壁赋》了,我让没写相关学案的女生小T给我个理由。她怯生生地回答:"老师,我很想写作业,可是总有另外一个我拉着我的胳膊不让我写。"霎时举班震惊静默。此时,追问小T的作业进程易使课堂趋向偏移。我让她坐下,告诉她老师会帮她解决问题。

小T来自农村,天资不错,可是薄弱的基础实为她的一大缺憾,和城市孩子相比,她欠缺了8年的技巧与题量的投入。在实验班,对自己过高的估量、期许和来自学霸的高智商厚功底的碾压让她在学习上处于忙乱疲惫状态,实在应付不了了,就在头脑中幻化出另一个"我"。她安慰自己:不是我不想写作业,是有人不让我写。

小T的例子不是个案,学习过程中,总有一些孩子对自己的现实缺憾认识不足,在理想与现实的落差间苦苦挣扎。作为老师,我打算用缺憾审视法让小T们认识自己,理智对待梦想。

临场应对

我决定从《赤壁赋》入手,从苏东坡的经历与思想着手,对学生进行正面的、积极的引导。

我拿苏轼被贬前的"出人头地"与被贬后的"怨慕泣诉"做对比,让小T们认识到缺憾乃人生之必然,名人也不例外。然后引导学生分析出作者借周瑜的"有为"而抒发的怀才不遇之悲，感受苏轼在践行儒家思想的"知其不可而为之"时的"不可为"之痛。然后用渺小与博大、须臾与无穷的对比来强化对"难为"的缺憾人生的理解。学生认识到，名人尚且如此，我们普通人就更没有必要放大自己的痛苦，应正视自己的缺憾人生。

在分析出苏轼思想中道家的超脱与变通后，学生们得出了"人不要拧巴着过日子"的结论，并生发出"难题想不出来就放放再想""一次考试得了低分没有关系，还有下次""现在是学渣，没准将来能领导一帮学霸"等管理情绪的心得。这时小T受同学感染，也参加了小组内热火朝天的讨论，可她紧锁的眉头告诉我她怀疑我们的"放下"是不是过于轻率，毕竟平时学习的口号是"冲！冲！冲！"

再读课文第二段，学生认识到，道家思想助其解脱之后苏轼并没有忘记政治理想，儒道思想在苏轼头脑中互为补充，让他可以在入世与出世间自由切换。

拓展环节，我鼓励小T对普通人的缺憾人生做出合理建议：儒道结合，追求合理目标，正确看待挫折。小T紧缩的眉头终于舒展了。

这节课上，我放弃了原先设定的从主客情感入手分析的教学安排，着重分析了苏轼的现实困境与解脱之道，以期矫正学生对缺憾人生的错误认知。

❯❯ 技巧点拨

此案例采用的是缺憾审视法：直面缺憾，正视缺憾，合理让步，理智定位人生。部分农村高中生，身负家庭光宗耀祖的期待，却基础薄弱。教师在面对这类学生高期待与低基础的冲突时，对学生全力打压或一味鼓励都会使其走向情绪的极端。不妨采用比喻等方式暗示其现状，在类比或对比中提醒其设定符合客观实际的目标，做到适时地放松，这样他的"缺憾人生路"才能走得稳妥踏实。

这个方法的应用符合我国落后地区农村发展现状和部分中学生的心理特点，可以帮助学生在痛苦中反思，在挫折中成长。

缺憾审视法可恰当地运用于课堂点拨，帮助学生及时认识自我、顺势调整情绪；也适用于课下交流，便于在轻松和谐的氛围中卸下学生的心理包袱；还可运用于整节课，在考前或考后进行，给学生做集体的情感疏导；平日上课教师也要认真观察学生的状态，及时纠偏，避免情形恶化。在分析引导过程中，教师的语言应委婉含蓄，绝不可直接指出某某问题，避免学生受到二次伤害。

期中考试后的一天，我们讲考试作文"担当"。本来设计的角度是如何提升文采，当我走进教室看到语文课代表肿着眼睛，窝在座位上不敢抬头的样子，想起了他们班主任说的一件事。这个小孩认为自己没有考好，愧对辛苦的父母，心理极度压抑。于是我临时调整了讲课内容，着意分析了担当的"大"和"小"，如伟人的大担当是为国为民鞠躬尽瘁，普通百姓的小担当可以是彩衣娱亲健康和乐。然后进行拓展延伸：大树有参天的伟岸，小草则有装点大地的清新；平时的考试成绩不能决定将来是否光宗耀祖，身心健康地活着才是对父母最好的孝顺。到下课时，我的小课代表终于不再有意躲避我的眼神。

教育感悟

条件有差异，资质有区分，并不是努力了你就能成功，用心去守了就能见到云开月明。所以，看清自己，看明目标，走适合自己的路，享受快乐人生。

三次高考落榜是马云的缺憾人生，辛苦付出却不能让孩子过上无忧生活是父母的缺憾人生，熬夜到天明物理题却依然无解是学生的缺憾人生。这种种缺憾其实是美啊，可显现人性中的柔软与坚强。当你看到黎明，也应知晓夕阳；当你设想远大前程，则要做好经受风吹雨淋的准备；当你难过哭泣了，你要知道这才是正常的缺憾人生。

河北省怀来县沙城中学　靳海彦

当班级出现了"灰色"小团体，怎么办？

做班主任工作多年，总是碰到许多棘手的问题，比如迟到、早恋、撒谎等等，如果这些问题是个例，还好解决，如果变成了普遍现象，那这个班级真的就岌岌可危，很难管理了。所以，班主任一定要高瞻远瞩、明察秋毫，绝不可让班级的不良现象占据上风，影响整体的学习氛围。如何破解班级的"灰色"小团队，让他们土崩瓦解，难以立足，并将他们转化成红色的小先锋，这是我们每一名班主任需要解决的问题。

情景再现

班任例会，学年主任又点名批评了我们班级的小洋和小南同学。这两个学生平时在班级中表现很不好，学习不努力，缺乏上进心，总是把心思放在学习之外，几乎所有的问题在她们身上都一一呈现过——早恋、爱打扮、去外班打闹。思想工作做了许多次，晓之以理，动之以情，但总是屡教不改，大问题没有，小问题不断，是让老师烦恼的"问题生"。

于是我很生气，就去班级找她们，结果正好遇见她们在二楼的走廊和其他班级的同学打闹，她们看到我，一溜烟儿跑了……

临场应对

我本想追到班级，把她们二人劈头盖脸地"大损"一顿，可转念一想，不合适。回到办公室，我的怒气渐渐地平息下来，觉得不能再这样听之任之，总是被动地去解决问题，而要找出问题的根源，釜底抽薪，瓦解这种"灰色"小团队。

为什么相同的问题总是反复出现在她们身上？为什么她们如此抵触上进呢？我忽然想到一个瞬间，那就是当我在班级批评她们的时候，她俩的一个对视——看似无意，其实是有意而为之，既是对错误无所谓的心理暗示，又是让自己自尊不至于碎了一地的黏合剂。这种所谓的互相"支持"和"鼓励"，就是她们敢于无视老师、无视校规的勇气和力量的来源。

动摇她们的根基，瓦解她们的精神意志，引导她们积极向上，才是解决问题的关键。于是，一个"破壁"的想法顺势而生。

下午我征求了各个任课老师的意见，了解到小洋同学在学习上的表现，尽管没有大的改观，但也是小有进步。下午班会上我表扬了这周进步的同学，肯定了他们的努力，小洋"榜上有名"，我注意到当我读出她的名字时，她的眼睛里一闪而过的惊诧和不易察觉的喜悦，我能体会到她内心的小涟漪。课后我又找到了小洋，向她说明了各科老师对她的期待，并帮她分析了她自身的问题和解决方法，尤其是我向她表明很欣赏她骨子里的勇气和做事不拖泥带水的果敢。我能感受到她心理的变化，尽管是微风拂面，细雨绵绵，但种子已经在生根发芽渗透到她的心底。接下来的几天，小洋同学表现得很沉静，上课和下课都一改常态，规矩了很多。而小南同学由于失去了同盟，身单力薄，所以也没有了先前的底气，看到小洋同学受到老师和同学的"青睐"，也不甘寂寞，开始向老师"献殷勤"，证明自己也是"向善"的好孩子。就这样，班级里这一对横眉冷对的"小刺头"变成了乖巧伶俐的"小绵羊"。

技巧点拨

相机破壁法对于班级中不思进取的"灰色"小团体有很强的瓦解作用。孩子们其实内心中都是向好向善的，只不过有时候不良的习惯将他们捆绑得很结实。两三个自控力不强的孩子形影不离，就会把这种坏习惯放大，他们彼此反方向互相影响，互相助力，就如同是身体里的坏细胞，当它们不断地蔓延，后果不堪设想。

所以，教师要明察秋毫，润物无声，善于抓住教育的时机，善于发现每个孩子身上的优点，让他们找到自己在班级立足的根基，让他们的每一天过得自信有尊严。

破壁是一种生物技术，通过打破植物细胞壁，使水分及营养更好地被吸收和保持活性成分的技术。

其实在春秋战国时代，张仪就是用这种方法各个击破，瓦解了苏秦的"合纵"策略，从而帮助秦国统一了六国；烛之武也是用这种方法瓦解了秦晋联盟，救郑国于水火之中的。

用在教书育人上，同样有意想不到的效果。一个"灰色"的小团体，不可能无懈可击，教师要抓住机会，寻找可以瓦解的可能。发现孩子们内心的闪光之处，不断放大，用尊重和爱照亮他们的心灵世界，引导他们朝向光亮的地方，远离黑暗。

某天数学老师跟我反映，班级有些同学的作业总是蒙混过关，抄作业的现象有所抬头。后来我发现了这群"抄手"形成的原因，原来是班级的体委每天放学后带领他们打篮球，回到家精疲力尽，所以企图在作业上蒙混过关。于是我找到体委，让他担任学习小组的组长，负责检查组员的学习情况，并每天向我汇报。而且我还承诺，成绩提高之后，在班级组织一场大型的篮球赛作为奖励，于是问题得到了很好的解决。

教育感悟

作为班主任，总是要面对许多的小问题，这是我们工作的常态。问题出现了，我们要动用智慧，讲究方法，狂风暴雨不如和风细雨，冰天雪地不如阳光普照。我们要抓住时机，顺藤摸瓜，顺势而为，疏导转化，使学生破壁重生。

教育的初衷是善，教育的方法是爱。当我们心存阳光，眼中有爱，即便是戈壁荒漠，我们也能让它春风化雨，绿树成荫。有爱的地方，就有生命；有爱的地方，就有奇迹。

黑龙江省牡丹江市第二高级中学　陆　晶

当学生总是恶作剧，怎么办?

一名教师，不仅要给学生传授丰富的科学文化知识，还要把学生培养成为一个心理健康的人，使他们具备健全的人格、良好的适应能力和完善的自我调节机制，真正主宰自己的命运，成为未来社会生活中的强者。教师应将那些暂时后进的、调皮捣蛋的学生置于特别的关怀之中，使他们感到教师对他们的爱和信任，从而引导他们走向学习正轨。

情景再现

班上有一男生，因为我连续几次课堂上提问他都没答出来，觉得很没有面子。后来有一次班级收资料费和活动费，他将事先兑换好的零钱装在塑料袋里，来找我交钱。我看着他袋里鼓鼓的十元钱，怔住了。他冲我调皮一笑，没等我吐出一言片语，便一溜烟儿跑掉了。当我独自一人在办公室里清点那些零钱的时候，觉得自己被这个学生愚弄了，很气愤，真想立即把他找来狠狠地教训一顿，他乖巧懂礼貌的形象在我心中荡然无存。

临场应对

我心中暗自盘算，如果这样做，这个学生会对我心悦诚服吗？如果我这么针锋相对地处理他的行为，那么我的行为不也和他的行为一样幼稚、可笑吗？那位学生不厌其烦地将整钱兑换成零钱来捉弄我，完全是一种不成熟的心态，他觉得有趣、解气。作为教师，我应该了解学生的这种心理，而不能用报复的心态去处理学生，否则，只能是火上浇油，激化师生之间的矛盾。我按捺住自己不满的情绪，及时调整好心态，决定换个方式试试。

第二天的早课上，我表扬这个学生勤俭节约，利用平时省下来的零花钱来交资料费、活动费。课后，这个学生主动找我承认了错误。后来，他成了我管理班级的得力助手。

这次事件的成功处理，给了我深刻的启发：面对学生的恶作剧，教师应有健康的心态。首先，教师要抑制自己的感情，切忌以怨报怨；其次，教师要正确评估学生的"恶作剧"，切忌纠缠不休；再次，教师要热心诱导，切忌放任自流。

该生的恶作剧恰恰是他独特思维的亮点。我把爱心当作启蒙的甘露，用真情唤起心灵的共鸣，转移自己的注意力来巧妙应对，因势利导，成功化解了一场尴尬。

技巧点拨

该案例我采用的是注意力转移法。恶作剧降临，教师自己或者个别学生由于突发状况即将失态的时候，教师要及时转移学生的注意力，采取冷处理的办法，巧妙地进行"掩饰"。对恶作剧的学生，教师要反应灵敏，果断决策，而不是被学生牵着走。教师要有掌握课堂整体秩序的能力，平时也要多跟学生沟通，了解学生的内心想法。

在教育过程中，老师应该多关注学生，积极发现学生身上的闪光点，用动态发展的多元角度来看待学生，用多元评价的方式来评价学生，要相信爱犯错的学生也有好的方面。

用注意力转移法进行引导，前提是教师的宽容和体贴，教师要站在学生的角度考虑问题。如果在教育的过程中多些爱，学生就可以对老师更信任和尊重，从而认真反思自己的行为，听从老师的教导，师生之间的关系也变得更和谐。

拓展迁移

心理学认为，在心理困境中，人的大脑里往往形成一个较强的兴奋灶，当兴奋中心转移了，也就摆脱了心理困境。注意力转移教育法适用于思维活跃、鬼点子多、容易焦虑的学生。

此法不仅适用于班级管理，也适用于课堂教学。在新课程标准强调学生的主体地位的教学改革中，我们的课堂变得更为重要。课堂是提高教育教学质量和水平的"主阵地"。在课堂教学中教师经常会遇到一些突发事件影响教学的正常进行。采用注意力转移法可以有效地处理这样的突发事件，保护学生的自尊心，增强学生的自信心，对教育教学产生积极影响。

在一次作文讲评中，我朗读了一篇A同学写的作文。在读的过程中，一些同学窃窃私语，说这篇文章是抄袭作文书上的。A同学羞愧地低下了头，显得不知所措。我示意他把文章读完，然后说这是A同学特意为同学们准备的优秀作文，我们应该感谢他。同学们恍然大悟，立刻报以热烈的掌声，A同学也很吃惊，没想到老师会这样处理这件事。课下，他又主动写了一篇作文交给我，并承认了错误。从此以后，他再也没有抄袭过作文。面对学生的错误，我既没有横眉冷对，也没有冷嘲热讽，而是站在犯错学生的角度去想问题，挖掘他身上的闪光点，并给予赞扬，把其他学生的注意力迅速转移、集中到那个闪光点上，给犯错学生提供"台阶"下，使他从容地走下"台"。

教育感悟

注意力转移，是项应变性很强的技巧，要多用情少用气，以积极向上的心态去面对恶作剧的"攻击"。教师切忌为所谓的"师道尊严"，为逞一时口舌之快而恶语相向，甚至采用过激的体罚行为，而应以博大的胸怀，本着教书育人的神圣职责，找到他们身上的长处，因势利导，以转移注意力的方式化解危机，精心雕塑他们的心灵，以情感人，以理育人。我相信，我们用神圣的爱去浇灌学生的心田，就一定能感染他们，教育他们，让错误行为生发出教育的正能量，为我所用，收到意想不到的教育效果。教师只有对教育倾注满腔热情，关爱每一个学生，在自己整个教育生涯中不断地研究学生的心理，不断充实自己的心理学知识，勤于阅读、勤于思考，才能在处理教育突发问题时灵活自如，成为真正的教育能手。

广东省韶关市田家炳中学　尹微微

当学生沉迷手机游戏，怎么办?

教学是一个复杂的过程。知识的特点、学生的差异、思维的碰撞使课堂充满变化，所以偶尔出现"意外"是不可避免的。教师是课堂的组织者，要善于在这千变万化的信息中，抓住稍纵即逝的思想火花将其点燃，用它照亮学生的学习之路。

❯❯ 情景再现

"黄色的树林里分出两条路，可惜我不能同时去涉足……"我正在朗读课文，余光一瞥，发现靠窗的一个学生低着头，注意力并不在课本上。我停止朗读快步走过去，果不其然，从他的课桌里搜出了一部手机，还没来得及关闭的屏幕上，堡垒和枪支正在微微晃动。

这是本月第二次发现有学生在教室玩手机游戏了。我顿时怒不可遏，打算狠狠地批评他一顿。可是我发现这个学生不但毫无愧疚之色，而且还带有一丝抵触的情绪。我有些错愕，想到上一次同样的情况发生时我就在班上大发雷霆，可是粗暴的批评方式没有取得良好的教育效果，学生并没有从内心认识到自己的错误。那怎样的教育方式才能让他们接受呢? 我不禁暗暗着急。这时，我看到今天正在讲的课文——美国诗人弗罗斯特的诗歌《未选择的路》，我灵机一动，这首诗讲的就是如何面对人生的选择，这不正是"借题发挥"的好时机吗? 可是要怎样才能"润物细无声"地把二者联系起来呢? 我决定"投石问路"，进一步了解学生沉迷手机游戏的原因，再寻找适当的时机解决问题。

❯❯ 临场应对

我假装好奇，向学生询问有关这个游戏的问题。这就是我投的第一颗石，"试深浅"。这样做，一是因为我对游戏知之甚少，需要知己知彼;二是因为只有同学们放下戒备，我才能掌握真实的情况。也许是这个游戏太受欢迎，也许是我的"无知"激活了孩子们当老师的热情，学生们争先恐后、七嘴八舌地向我介绍这款手机游戏。

经过铺垫，时机成熟，提问便可以更进一步。我故作疑惑地问学生为什么会迷上手机游戏。"一石激起千层浪"，同学们纷纷回答，理由包括有趣、刺激等等。听到一个学生回答"游戏会让人忘记烦恼"时，我心中一动，有了打算。异音同至，留意殊响，这第二颗石用来"听回响"。

接下来，我问学生在什么时候最想玩游戏。这个问题是第三颗石——"引路石"，目的在于引出问题的关键。如我所料，学生们说"在学不下去的时候""在被父母责骂的时候""在考试成绩很差的时候"最想玩游戏。在综合了同学们的回答之后，我总结出"游戏之所以吸引人，是因为它可以让人逃避残酷的现实"这个结论。弗罗斯特有一首名作《白桦树》，告诉人们不管有多想逃避现实，终究都要回到现实中来。我用这首诗将课堂拉回"正轨"，也为我后面的教育埋下伏笔。

这次投石问路帮我找到问题的根源，并顺利地衔接了文本。接下来，我用《未选择的路》这篇课文，教学生立足现实，正确对待外界诱惑，勇敢地做出人生选择。这节课将思想教育融入文本内涵中，引导学生树立积极的价值观，取得了较好的教学效果。

⌄⌄ 技巧点拨

此案例我用的是投石问路法。投石问路的原意是指夜间潜入某处前，投石子借以探测情况。在课堂教学中，我认为可以把它理解为：以课堂提问为石，以了解学情为目的，将学生引入教师指向的语文目标。

投石问路法讲究以退为进，化被动为主动。在本案例中，为了避免枯燥的说教激化师生矛盾，我逐步试探学生的想法，追溯问题产生的根源，利用"投石"这一师生对话过程，争取消化和思考的时间，成功应对了突发状况。

除了课堂教学，投石问路还可以用在课前准备、作文指导、学生心理辅导等方面。投石问路的关键有二：一是试探用的"石"要小而精，"小"指的是问题开口小、易作答，"精"指的是问题数量少、有价值；二是"投"时要目的明确、干脆利落，切忌泛泛而问、抓不住重点。做好这两点，才能成功地将学生引上语文学习的通衢大道。

上部编版七年级下册的文言文《河中石兽》，我按照常规的方法，在导入之后，提问有关内容理解方面的问题，可是学生们显得有些提不起兴趣。"为什么讲学家和老河兵会得出不一样的结论呢？"我提问了一位平时语文成绩较好的同学，只见她面露难色。

我很诧异，这篇课文内容生动有趣，富含哲理，学生的难点在哪里呢？想要了解学情，投石问路是一个好办法。

我从字词掌握、文意疏通、句意理解等方面逐一提问。当我问到"说一说你对课文有什么发现或者疑问"时，有学生说"讲学家和老河兵的话看上去差不多，不明白结果为什么会大相径庭"。问题原来出在这里，"症结"找到了！接下来就是"对症下药"。我灵机一动，顺着"二人说的话差不多"这个点铺开，让学生分小组找讲学家和老河兵话语的异同。这个环节容易操作，学生们一扫疲态，很快从找石地点、考虑因素、理论与经验等方面找出不同。难点很快突破了，课堂气氛比以往还要热烈。

教学设计不是一张精确的图纸，它不可能完美地按照教师的设想进行。教学的对象是有生命的人，人赋予课堂活力，也给课堂带来不确定因素。"投石问路"可以帮助教师全面了解学生，有效地利用课堂的"意外"生成教学资源，化"腐朽"为神奇，焕发课堂教学的生命和活力。

云南省曲靖市第一中学　孔　然

当学生手机被没收情绪不好，怎么办？

现在的孩子自尊心强、敏感、脆弱，教育教学中遇到意外情况，教师如果不留情面直接批评学生，有时会引发正面冲突甚至出现极端事件。学生作为受教育者，学习成长过程中出现差错很正常，教师作为教育者就要帮他们指出并指导他们改正错误，遇到意外情况要理智处理，试探性地了解真实情况，和风细雨、润物无声地引导学生还原事情真相，帮助学生坦然地面对问题，积极主动地解决问题。

情景再现

高三时间紧张，即使周六依然要补课，早晨匆匆赶往学校准备上第一节课。刚上教学楼二楼，年级组检查的老师告诉我，前一天晚自习时我们班有学生玩手机，已被没收，让我去年级组签个字，先把手机封起来，上完课后再做处理。

临场应对

我带的是理科复习班，学生个人素质较高，我曾戏言我们班学生纪律方面人人免检，现在却出了意外。一直到上课预备铃响，玩手机的学生还是没过来承认错误。我假装平静地去上课，这一天复习逻辑推断，去教室的路上我打算改变上课的进程，通过引导，最好让出错的学生主动认错。课堂上我通过简单举例，从充分条件、必要条件、充要条件的定义讲起，然后学以致用，联系现实举例让学生判断：努力学习是成绩提高的什么条件？例1：只要努力学习，成绩就会提高。例2：只有努力学习，成绩才会提高。学生讨论后认为，努力学习只是成绩提高的条件之一，显然，努力学习是成绩提高的必要条件，因此例2正确。趁机我拓展怎样才算努力学习：不仅表现在有老师时认真，还表现在自习课上的自律自制……这时最后一排靠窗的男生站了起来，吞吞吐吐地说："老师，我昨天晚自习玩手机，被年级组没收了，我道歉。"我因势利导，启发学生利用所学的逻辑知识，分两组辩论学生使用手机利大还是弊大，并有意让犯错的同学分在"使用手机弊大"这一组，双方展开了激烈辩论。临下课前我做了一个总结：使用手机没有错，错的是使用手机的时间和地点。下课后犯错的学生主动来找我："老师，我错了！高考后我再要手机。"这也正是我期待的结果。学校规定：手机被没收后若要取回，家长带回家反省一周；若要在学校继续上课，手机封存在年级组，高考后再取回。这件事发生在高三一模考试前，学生心存感激之下发奋努力，一模、二模、三模成绩节节提升。

﹀ 技巧点拨

此案例我采用的方法是声东击西法：教学管理中出现意外事件不急于下结论，而是机智巧妙地设置另一问题，学生在新问题的解决中逐渐觉悟，主动自觉地提出解决旧问题的办法。这样处理，表面上将旧问题放弃，而实际上所有的努力都在暗地里指向旧问题，并且学生积极主动地参与新问题的解决，在解决过程中悟出旧问题的主要矛盾及解决方法，旧问题也就迎刃而解了。

﹀ 拓展迁移

声东击西法以学生为中心，朝着解决问题的方向，重新设置另一个简单且实际的问题，为学生提供支架，引导学生沿支架攀爬，学生在解决新问题中自觉悟出旧问题的解决方案，教师再适时提示帮助学生，最后无须教师引导，学生自己在框架中继续攀升，最终解决旧问题。如案例中在学生手机已经被没收并已受到年级组批评的情况下，我没有火上浇油继续激化师生矛盾，而是利用课堂所学逻辑知识，搭建支架，让学生先自我意识到错误并主动承认，然后在小组辩论的基础上认识到学生使用手机的弊端，并主动提出解决问题的办法。

周二早读是语文早读，我在教室巡查时，发现全班60人中读语文的只有10人左右，作为语文老师看到这种现象我很痛心。第三节上语文课时，我将语文早读不读语文的现象提了出来，并提醒大家要重视语文。这时第二排李同学小声嘀咕："学语文有什么用？"虽然声音不大，但全班同学几乎都听到了。当时正在复习应用文改错，我对学生讲："平时咱们请假都用的是学校印制好的请假条，今天咱们在练习本上自己写一张请假条。"同学开始写作，我在教室巡查，不少人抓耳挠腮，有的忘记称呼语，有的忘记时间，有的不写理由……我用手机拍了几张，通过希沃助手传到电子白板上，学生开始笑，后来便沉默了。我请同学谈谈感受，有人讲以后要注意书写，有人讲以后要注意语言表达的通畅，有人讲以后要注意应用文格式，第二排李同学讲原来语文学习还是有用的，这正是我希望的答案。我总结道："一张小小的请假条都难倒了诸位英雄，以后你每天与人交流，或者你去应聘，或者你作为人事主管去招聘，或者你代表公司去谈判，或者你要给公司启动的新项目写一份策划书，这些活动无一例外都要用到语文，正所谓'生活即语文，无用乃大用'。"

教育感悟

　　教师在教育教学过程中，每天都面临着意外突发事件的发生。能否机智地稳妥地处理这些事件，体现着教师的教育理论素养和解决问题的能力。

　　现在的学生个性意识较强，自尊心强，并且脆弱敏感。所以，当出现一些比较意外的事情时，教师一定要冷静智慧，不要一味地排斥学生，激情处理学生，而应巧妙设置问题模拟情境，和学生一起一步步搞清事情的真相或找到解决问题的办法，让学生口服心也服。

　　莫将教育演化为冷冰冰的分数，教师要做有温度的教育者。

陕西省宝鸡市岐山高级中学　王建红

当学生嘲笑别人的弱点，怎么办？

为适应社会和教育事业的发展，加强语文课程内容与学生成长的联系已经成为时代的必然要求。语文课上，教师在原有教学方法的基础上，利用新技术和新手段给学生提供更丰富的学习资源，让学生在真实的学习情境中多实践、多体验，帮助学生养成现代社会所需要的精神面貌、行为方式和思想品质，已然成为新时代教育发展的任务之一。

情景再现

在《林黛玉进贾府》课前导入时，我先让几名同学说说自己对《红楼梦》的评价并谈谈自己最喜欢（或最不喜欢）的作品人物。一个性格开朗的男生站起来就说："我不喜欢《红楼梦》，我特别不喜欢其中的林黛玉，动不动就哭，就生气，太小气了，这样的妹妹，不要也罢！"他的发言，引起几位同学的共鸣。

这位同学的发言，反映出一些同学对待小说和生活中的弱者的嘲讽态度。他们还没有学会设身处地地考虑问题，还不会体察文学作品中弱者的眼泪或者特殊行为背后的深层原因，更没有品味出这些文学形象的独特魅力。

临场应对

在正式学习《林黛玉进贾府》时，我先给学生设置了这样几个问题："你有过单独到同学家做客，或同学到你家做客的经历吗？家人提前给过你哪些叮嘱？你按照家长的嘱咐与同学相处了吗？林黛玉进贾府为何要'步步留心，时时在意'呢？"学生回答之后，我又追问："如果你是黛玉，当宝玉说'这林妹妹眉尖若蹙'，要送'颦颦'两字做表字时，你内心会怎么看宝玉？当你跟一位新同学发生口角，同学们都去劝他，无人理你时，你会有什么感觉?《林黛玉进贾府》的内容,与后面情节发展中的黛玉流泪和宝黛关系的发展有何关系?"同学们热情参与,给出了多种回答。

最后,大家得出的感悟是:进贾府后,黛玉内心的凄苦,经眼睛的窗户凝结,在受到贾府世俗热浪的熏蒸后,被迫变成了不受黛玉控制的人前人后的泪滴。黛玉性格完全是环境使然,从作品艺术效果来看,如果没有林妹妹这个角色,贾府的生活就会失色很多。宝玉娱乐至上的平等思想与善心,虽给黛玉和其他姐妹丫鬟带来暂时的欢乐,但更多的可能是被孤立后的寂寞,甚至是永远的别离。

技巧点拨

此案例运用的是情境创设法。该教法是指在教学过程中,教师有目的地引入或创设具有一定情绪色彩的、以形象为主体的生动具体的场景,以引起学生一定的情感体验,从而帮助学生理解教材,并使学生的心理机能得到发展的教学方法。情境教学法的核心在于激发学生的情感。

这种教学方法可以用于课堂导入,能很快把学生带入课堂教学所需的心灵场景;还可运用到课文的重难点教学部分,披文入情,加深学生对作者作品的再认识。

拓展迁移

情境创设法,在学生已有认知的基础上,为学生搭建起认知新知识的梯子,促使学生积极主动地参与,让学生获取更多的对社会和自我的认知,帮助学生通过审美体验和审美评价等活动,形成正确的审美意识、健康向上的审美情趣与鉴赏品位,并在此过程中使学生逐步掌握表现美、创造美的方法。

为学生创设情境,架构起学习新知的梯子,要结合学生的生活和学习实际。难度不要太低,也不能太高,应兼顾到每个学生的个体差异,以免学生在课堂上空有热闹没有收获,或者因缺乏底气、怕丢面子而不敢参与,教师应尽量给每个学生提供发现问题和展示交流的机会。

执教《祝福》,在讨论"祥林嫂是怎么死的"这个问题时,有个学生非常鄙视地说"傻死的"，并解释说："祥林嫂初到鲁镇被婆家人抓走后，卫老婆子到四叔家的一番解释，就证明卫老婆子和祥林嫂的婆婆是一心的。可是祥林嫂经历丧夫失子之痛后，又找这个两面三刀的人，回到吸她血汗的四叔家。再说她第二次到鲁镇后，四婶不让她动祭祀的东西，她不正好休息吗？又没减少她的工钱。她自己想不开被开除，最后死去，都是因为她太傻了！"

我首先肯定了这位同学能以当代的视角来评价祥林嫂，接着我又强调评价一个人物一定要把她放到所处的时代背景中去，以当时的时代环境为基础去评价人物的进步性与局限性。我给学生印发了柔石的《为奴隶的母亲》和老舍的《月牙儿》，并组织学生观看了电影《祥林嫂》。在此基础上，让学生讨论作者创造祥林嫂这一形象的意义和电影改编内容的得失，其间，学生充分认识到是那个时代吞噬了祥林嫂，吞噬了这个勤劳、质朴、善良、自尊的欲做奴隶而不得的人的生命。

学生结合自身真实经历，去体会作品中人物的形象及意义，虽然时代不同，学生的回答可能会偏离作品原来的指向，但文化的时代意义与传承，就在这些活动中真实而充分地体现了出来。

教育感悟

教育是以发展人性、培养人格、改善人生为目的的。学生学习的过程就是一个认识自己、发现自己的过程。在这一过程中，教师有时很像导游，在不同的课程目标理念框架下，把学生引到一个个文化胜景前，任学生去徜徉沉醉。在教育过程中，教师要做好几个储备：具备广博深厚的专业和非专业知识，熟知每个学生的认知水平与能力，敏锐体察学生课上每一次的内心变化，秉持为每个学生的健康持续发展奠基的职业操守。

吉林省长春市养正高级中学　张桂云

当接手新班级遭遇哄赶声，怎么办?

仓央嘉措在他的诗集《问佛》中曾这样写道："物随心转，境由心造，烦恼皆由心生。"当我接手新班级，遭遇哄赶声的时候，我用我的真诚、理解和深爱，以及一个师者的豁达、睿智和责任，营造了一个温馨、和谐而又令师生都欢喜的课堂情境。

情景再现

我是怀着满腔的热情来到这个新班级的。当教室门口那个圆圆的脑袋一探而收的时候，我听见了海浪般涌来的驱赶声——"我们不换新老师，你休想进我们教室 ……"，声音铿锵，节奏整齐，同时还伴有捶击桌子的"咚咚"声。很显然，他们在用这种方式表达对我的拒绝！这个问题班级，早已"名声在外"，早在接手之前，便有耳闻。但如此这般，还是让我异常惊讶。

我不觉停下了脚步！但转身想退却的那一刻，我突然笑了：这是一群多么重情重义的孩子啊！当自己热爱的语文老师不得不丢下他们离去，他们内心里该有着怎样的不舍和委屈啊！我该怎样去安抚这些受伤的心灵，我又该如何让他们迅速地接受并喜欢上我呢？我连做了几个深呼吸，鼓足勇气走进教室。孩子们几近疯狂地喊着，有的孩子已是泪流满面。若不是真性情的人，怎会有如此淋漓的表现！我站在门口，深鞠一躬，粲然微笑，没有说话。我听到声音由高到低，又渐渐地由低变得稀稀疏疏。走上讲台，才看见讲桌上排列的两行粉笔，粉笔上都刻了字："我们永远爱您，亲爱的李老师""您虽远走，却在我们心中长留""我们心中只有一个深爱的语文老师"……再看学生们，这时候，有的低头小声啜泣，有的则高高仰着满是挑衅的脸。是时候创造情境来化解我们之间的尴尬了。

我刚才的鞠躬微笑，已经让一部分孩子感到了熨帖。此时，我站在讲台上，用本可以刺痛我心的粉笔在黑板上写下："亲爱的孩子，我也一样会很爱你们！"教室里那稀稀落落的驱赶声渐渐消失了，取而代之的是窃窃私语，还有将信将疑的眼神。我微笑着拿出事先准备好的笔记本，它上面记录着全班同学的名字，他们的语文成绩以及语文课堂上的表现，甚至还有最喜欢语文老师的那几个学生的照片。我的目光扫过每一个孩子的脸，最后定格在那个还在抽泣的女孩身上。我走到她身边，俯下身子，轻轻拍了拍她不停耸动的双肩，温柔地轻声说道："能帮帮老师吗？能帮我点一下名吗？"她犹豫片刻，还是站起身接过了笔记本。翻开看的时候，她怔了一下，抬起头来看我，黯然的眼神中迅速闪过一丝光亮。其实，她就是那个语文成绩最好又最讨老师喜欢的学生。

点完名，教室里已经很安静了。我做了简单的自我介绍，然后近乎夸张地表达对前任语文老师的喜爱和崇拜，而且表示非常愿意听一听大家想说给李老师的话。我想，此时该让孩子们一吐为快了。不出所料，孩子们由起初的小声说到站起来大声说，由他们之间说到他们对我说，听着孩子们回忆与前任语文老师的美好时光，我也似乎看到了往昔那份快乐与温暖！我抓住时机，迅速地在黑板上写下"亲爱的语文老师，我想对你说"，让大家或写文或写诗，"以我手写我心"。很多事情，换一种角度，就能另辟蹊径，柳暗花明。其实，问题班级也可以没问题！

此案例中，我采用浓情造境的方法，即凭借自己对学生、对语文教学的热爱，在课堂中形成特定的情境和心境，用豁达的心态、欣赏的眼光还有满怀的热情，允许学生犯错，给学生呐喊的权利和发声的机会，从而改变充满硝烟味的气氛，营造温馨情境，实现感化学生、感染学生的效果，为学生的健康成长担责发力。正如舒婷在《这也是一切》中所写的：一切的现在都孕育着未来，/未来的一切都生长于它的昨天。/希望，而且为它斗争，/请把这一切放在你的肩上。

王国维在《人间词话》中论"有我之境"与"无我之境"时这样说："有我之境，以我观物，故物皆著我之色彩。无我之境，以物观物，故不知何者为我，何者为物。"写诗写词是如此，师生相处亦如此。其实，课堂中的教师就如同镜头前的演员，没有任何一丝动作不是为了剧情和人物的需要所做。教师的一颦一笑和丰富的肢体语言，也是创设情境不可或缺的。在学生的写作练习中，我们不妨引导学生浓情造境。

这次的作文，是以"运动会"为话题的。很多学生从开幕式写到比赛结束，详略不分，泛泛而谈。我引导学生："运动会上最让你感动的是哪个瞬间？最激情澎湃的是哪个场面？回想当时的场景，选取一两个精彩镜头吧！"学生们开始回想交流，不一会儿，就有学生急着展示了，她写道："看到她重重地摔倒在赛道上，却又艰难地爬起来，我的眼泪不由得夺眶而出。因为心疼，也因为感动，还有一种由衷的敬意。想想我们人生之路，不也一样有这样摔倒的时候吗？拍拍尘土，坚强地站起来，像她一样地勇敢奔跑……"

陶行知先生曾这样说："往往大人写几千字的文章，虽无错字，或不通之处，但是无趣味、无价值。孩子写得很短，许有错字或不通之处，但颇有意思，因为他是真的。"师生交往中，老师要珍视孩子们的真实，包容他们的"放肆"，即使他们的做法或多或少地让你无奈甚至委屈。换个角度，若是"我见青山多妩媚"，那么"料青山见我应如是"！

山东省德州市武城县实验中学　杨霄云

当学生不记课堂笔记，怎么办?

在教学管理过程当中，学生经常出现不良行为，他们扰乱我们的教学，时常让我们老师很恼火。老师常常选取批评呵斥的方式教育学生，虽然暂时取得了良好的效果，但是潜在的问题并没有彻底解决。时代在变化，我们的学生也随时代而改变，他们更喜欢被尊重、被平等对待。基于这样的情况，我尝试着寻找更为有效的管理办法，并逐渐培养学生的认知能力，让他们能够在今后的人生中懂得如何去面对问题。

情景再现

语文学习是一个不断积累、循序渐进的过程，这就需要学生课上记笔记，留课后翻阅复习，以此达到长期记忆的目的，然而我教授班级的部分学生却没有记笔记的习惯。每学期刚开学的前几天，学生们立志要好好学语文，每堂课都坚持记笔记，但不久就应了古人的话——"靡不有初，鲜克有终"，纷纷把语文笔记本打入"冷宫"了。记得有一天有一半学生没有记课堂笔记，为此我严肃批评了他们，同学们迫于我的压力，不得不重新把语文笔记本拿出来，但是学生们记得既不工整，也不完整，笔记质量与最开始相比大打折扣。

基于多次的交流与观察，我发现我教授的这些学生在学习上是没有意志力的，且是懒惰的，也有些急功近利的心态。于是我就想应该在课堂上让学生去思考自己的行为后果及解决策略，这样他们才能发自内心地去改变自己的不良行为。

临场应对

在尊重学生心理感受的基础上，我立即让同学们一起讨论一个问题：不记课堂笔记会有什么后果？经过我们师生的讨论，同学们得出如下结论："好记性不如烂笔头"，课堂记忆是短暂记忆，需要复习巩固，才能转化为长期记忆，而不记课堂笔记，就没有复习的资料了。此外，老师讲课的过程中，师生思想碰撞后，会有自己独特的感悟，这种灵感转瞬即逝，需要用笔记保留下来。"温故而知新"，只有不断地复习新的知识，才能够有新的收获。平时不积累背诵的话，会影响语文考试成绩。

我为学生认知水平的提升感到高兴。为印证学生们认识的正确性，我决定每周利用一节自习课进行小周测，考查的知识都是笔记上的内容，有客观性的知识，也有在思想碰撞中得出了主观性认识，还有与课堂教授内容相关的高考原题。最后将测试的结果在班级及家长群里公布，让同学们深刻体会到记不记笔记带来不同的逻辑后果。有些同学因为承受不了不记笔记带来的逻辑后果，有些后悔自己曾经的懈怠，我就启发同学们去思考遇到错误时候怎么办。经过交流，同学们都认识到了在今天叹气，不如从今天起去努力，此后同学们的笔记记得越来越好了。让学生品味逻辑后果不是我的最终目的，我是希望孩子们能从中学到做事要考虑后果，要去承担后果，遇到事情要考虑如何去做。

技巧点拨

随着时代的发展，如今的高中生在师生关系中不会再扮演顺从的角色，他们更愿意与老师之间形成一种互相尊重、平等的关系，这是时代的进步。同时从心理学角度来说，严惩和放纵都是不利于学生心理健康成长的，所以我打算调整自己的教育方式。人在成长过程中不怕犯错误，最怕的是在犯错误之后，不知道自己的行为后果，也不知道以后如何去做，无法成长起来，所以我想尝试新的教育方法——逻辑分析法，一方面向学生提启发性问题，另一方面让学生承受逻辑后果，从而引导学生在错误中逐渐成长起来。启发性提问，让学生去思考自己行为的不良后果，并培养他们遇事想办法的思维品质；承受逻辑后果，让学生去承担自己不良行为的后果，以此来纠正自己的不良行为。

拓展迁移

逻辑分析法中的承担逻辑后果和启发性提问这两种方法有助于老师在

不吼不叫的情况下教育学生，纠正他们的不良行为，提升孩子们的认知水平。但是，同样的逻辑后果不是对任何学生都有效，这就需要老师针对不同的学生制定不同的逻辑后果，因材施教，确保每位学生都能够在约束下修正自己的行为。

冬天的到来使得东北的白昼越来越短，学生迟到的现象比较严重。有天早上五人迟到，为了纠正学生的迟到行为，我在早自习就组织同学召开班会讨论迟到的不良后果。有的同学表示迟到挨批评，会挫伤自尊心，影响一天的心情；有的同学表示迟到会给班级扣分，有损班级荣誉；有的同学表示迟到会导致自己跟不上老师的教学进度，会影响整堂课的听课效果；有的同学表示迟到会影响班级的风气，会影响到其他同学的进取心。然而这些行为结果对自觉性差的学生是没有约束力的，于是我又引导学生们思考：为什么要有班级责任感？最后同学们一致认同：因为一个没有责任感的人是不会赢得别人的信赖与支持的。于是我就将迟到无法赢得同学和老师的信赖与支持作为逻辑后果。然后我又让学生去讨论如何解决迟到问题，有的同学认为应让父母早点叫自己起床，有的同学认为睡觉前应把明早需要的东西都准备好，有的同学认为应发自内心地想改变自己。在启发性问题的思考中，学生的认识水平逐渐提升了，他们知道行为后果的严重性，也知道我不会姑息纵容他们的行为。在没有批评和指责的情况下，学生们迟到的次数逐渐减少了。

教育感悟

我们如何在教学管理方面游刃有余呢？

要让自己成为学习型的教师。时代在变化，学生的心理特点也在发生变化。这就需要我们教师不断地去学习，跟上时代的步伐，对这个时期孩子的特点能够清晰准确地把握住，以便更好地处理学生出现的问题。

要让自己成为德智双修型的教师，能够包容学生的不足，用心去感受每个学生的内心世界；能够引导学生去寻找生活中的智慧，奋力到达美好的彼岸。

未来还很遥远，就让体验与思考作伴，寻找到更美好的世界。

吉林省实验中学　邹俊乔

当学生迷上"狂写"，怎么办?

学生迷恋写作，乍听起来，很多人会觉得这是一件久旱逢甘霖的"好事"。但如果是无心他事、停滞日常课程学习的"狂写"呢? 在这种"狂写"的背后，学生的心理状态和心路历程是怎样的呢? 我们对此有何应变，才能尽量使这种孩子"爱而不伤"呢?

情景再现

某一届高三，一个原本迷恋去网吧玩游戏的男生小曾，在班主任和家长的"严防死守"下，终于"回归"。据观察，他确实再也没去过网吧。

谁料，人虽归，心难归。一天，在语文课上，我见他埋头"勤奋"地写着什么，没参与到我刚布置的小组讨论的任务中去。过去一看，他在写小说! 课上"发作"于他，整节课也许就散了，所以下了课我才把他叫到办公室，细问究竟。这时候我和他的班主任才知道，原来这段时间他的"兴趣"发生了转移: 利用一切时间偷偷摸摸地"狂写"有关游戏的玄幻小说。他已经密密麻麻地写了三个作文本容量的小说。当然，家长期盼提升的原本就很不理想的成绩更"恰似一江春水向东流"了。在征得他的同意后我看了一下他的"作品"，字很密集，能看出来是一篇玄幻特点明显、线索繁多的"鸿篇巨制"，但表达没有什么特色，属于一般网络小说的样貌。

我想必须跟小曾深入地谈一谈，弄清楚他这样做的原因和目的，并引导他考虑一下迫在眉睫的高考之事。

临场应对

根据以往经验，孩子们迷恋一件事，这件事或者能迎合青春期的逆反、冲动和认知渴望，或者会让他更有成就感。所以谈话前，我设计了一个问题——"小曾，你这篇小说有给同学们看过吗?"听我这么问，小曾只是蔫蔫地答："有几个人看过。"当我自以为这个话题可以进行下去时，却听小曾说："老师，我知道我写不出什么好东西。我只是觉得什么都晚了，就这个内容我熟悉，使劲儿写它我就能忘了别的。"说完肩和头都耷拉下去了，肩膀还一晃一晃的，很无助的样子。

这是我没意料到的答案，原来这种写作是发泄式的，是孩子在无限遗憾中的一处"心灵避难所"！那么再围绕写作这个话题来谈恐怕意义不大了。

我决定从症结入手，让孩子能够不那么灰心。"小曾，是觉得没办法提高成绩了吗？""嗯。""小曾，老师恰恰觉得你有一种认知比班级里所有同学甚至是更多的同龄人都深刻。"小曾抬起头，眼睛里有探询。"你在他们不断取得知识的时候先体会了失去，在别人看似圆满的学习过程中先有了遗憾。可是，小曾，学习这件事哪有什么圆满呢？生活中更是如此。先不说我们都知道的'月有阴晴圆缺，人有悲欢离合，此事古难全'，也不说咱们天天用的便利贴就是工程师发明胶水失败了才有的，就是你玩得很溜的游戏，即便赢了一局，就没有一点儿缺憾吗？"

小曾抿了抿嘴，若有所思。

"其实我们一直在不断失去中得到，又在不断得到中失去，这一点，你与其他人没有区别。我说你认识得深刻，是因为这恰恰是懂得珍惜的开始。小曾，高中学习阶段你是有遗憾的，但短时间的遗憾绝不等于抱憾终身。你还要继续丢盔弃甲吗？目前学习上的欠缺很多，可是你弥补起来也比别人快很多啊！"

小曾虽然只是"嗯"了一声，但他离开时的肩膀比来时端平了很多。后来，通过一段时间的努力，学习成绩终于有了起色。

▼ 技巧点拨

在这次谈话的应变过程中，我采用了直面缺憾法。小曾迷失了又回归，产生了习得性无助心理。习得性无助心理是指环境或者失败使人们形成的一种对现实的无望和无可奈何的行为、心理状态。不断的打击使人们失去生活的信心，继而产生甘于现状的心理，不再追求改变。预防或改变这种自暴自弃、破罐子破摔的心理，放大或缩小他们所遇挫折都不是合理方式。我认为首先要想办法让孩子明白常情常理，使其扭转心态。而直面缺憾正是情理教育中不可缺少的一环。直面缺憾是第一步，引导孩子树立起信心来，去尽力弥补缺憾是紧随其后的步伐。

拓展迁移

直面缺憾教育法，不仅如上例所示，只是让一个迷茫的孩子直面缺憾并接受它，更应该让学生在坦然面对缺憾后发现自己所长，从而形成良性发展。

高三女生小文，有一次交作文，厚厚一叠打印的A4纸，引经据典，言辞犀利。她为人比较内向，只愿意跟有阅读、写作及网游同好的同学交流，除了语文和英语外，其他科的成绩都不理想。在高三这关键时期，有这样的表现，可能是心理上有了什么变化，得帮帮这孩子。"小文，写作不能成为逃避的方式，一次两次的发泄式写作也几乎不可能成为一种未来的出路，小文，直面现实，从让我们感到缺憾的地方开始，去找一种抹去这份遗憾的方法好吗？"听了我的话，小文竟流下了眼泪，她颤抖着问："老师，我还有希望吗？""怎么没有！直面现实，不自暴自弃，尽力去扭转缺憾局面，每多得一分都是收获！"小文回去后还真跟落后的那几科较上了劲，后来的成绩有了明显起色。

教育感悟

一直以来，我觉得教育的目的就是要让孩子们发现他们更想成为的自己。但是，在平静港湾里刚要启航的小船们还是要预先知道一点儿前方的风雨和波澜的，得到和失去都是航行时恒久不变的话题。

车尔尼雪夫斯基说："既然太阳上也有黑点，人世间的事情就更不可能没有缺憾。"在学生"狂写"的背后，如何使他们在成长的路上抱有缺憾还能更积极地面对生活，是尤为关键的问题。直面缺憾教育法要求我们不断增强认识，以帮助孩子们认识他们生活的真实世界和何谓成长。

黑龙江省鹤岗一中　　刘　岩

当学生书写状况不佳，怎么办？

一手好字，就是一张名片，是一个人一生的财富。今天，网络信息时代，写好字早已超越了工作和学习的需要，更是一种审美、一种乐趣。然而当前中学生书写能力不佳已成普遍态势。发现学生书写能力差背后的问题，引导学生认识汉字之美，力改写字面貌，是语文老师的责任。因为这关系到学生的分数，更关系到中华优秀传统文化——汉字的传承。

≫ 情景再现

某天，我在办公室备课，一个男生走进来，还有些不好意思。我笑着问他"有什么事"，他说他想问问我，怎么能把字写好。

那天我们聊了很多。他现在的书写状况很不理想，连"看清楚"都达不到。他说总被老师说"练练字吧，这字太成问题了"，但却很少能坐下来想这个问题，更别说实际写了。我问他是什么原因触动他，使他主动来找我。他说主要是因为成绩。他是文科生，几乎所有的老师都觉得他思维敏捷、表达能力强，但每次考试似乎都考不出效果。他觉得最大的问题是书写。他说还有一个原因是他平时喜欢写东西，但自己看的时候总觉得字太丑，丑得自己都不愿意看，于是想找我想想办法，改善一下写字面貌。

≫ 临场应对

我仔细地询问了他的情况：比如是一直写字这个样子，还是什么时候开始变得这样差；比如以前有没有练过字，如果现在开始练字的话，有没有想过练什么字体，或者写谁的帖；比如是不是一时兴起要练字，有没有信心坚持……对他的情况基本把握之后，我和他一起制订了一个写字方案。

首先选择一本好字帖，把它作为学习和临写的参照。本着"实用+美观"的原则，我让他在楷书和行书的字帖里做选择，我为他推荐了赵孟頫的小楷《道德经》、钟繇的《宣示表》《宋拓怀仁集王书圣教序》《宋高宗千字文》《启功行书字帖》《启功楷书字帖》等书帖，让他进行选择。他最终选定了赵孟頫的小楷《道德经》。

选帖之后，第一步是教他读帖，我告诉他读帖要注意观察，仔细入微地观察。先观察字的整体结构，再观察笔画间的距离、起笔的角度、收笔的位置、笔画的轻重与俯仰……在读帖的前提下，尽量把每一个字都写得精准，写得像。每天都要坚持，不能今天心血来潮就写几个小时，明天一个字也不写。可以固定时间写，不需要太长，每天二十分钟到半小时，慢慢临写，写几十个字，然后反复比对原帖，再写……一段时间后，做到心中有帖，背写。在平时写笔记或者作业的时候，也要慢下来，遇到自己练过的字要尽量按照练习的字帖的样子写出来……

该同学当时和我表了决心，一定要坚持把字写好。我几乎每天都会找时间问问他的写字情况，有时间就拿着他写的字，找到原帖，指给他看哪一笔写得不够，哪一笔又写得太过，当场就让他整改……

不到一个学期，他的字就出现了惊人的变化。虽然和原帖比还有很大的差距，但整体看，已经非常规整、非常耐看了。他的成绩也比原来有了提高，并且在他的影响下，他周围的同学也开始写起字来。他的书写越来越好，也因此提升了自信……

❯❯ 技巧点拨

我一直认为：最佳的技巧，就是情绪感染法，从学生的角度出发，设身处地地帮他们找寻最有效、适合的解决办法，并陪他坚持落实。

对于汉字书写，无他法，唯勤读、常写而已。那我要做的，就是和学生一起写字，用情感打动他，让他想到我就温暖，想到我就有无穷的动力。

我一直本着"读帖—临帖—背帖"的思路。其中读帖最为重要，要尽量读准，关照字的结构，并仔细观察笔画的长短、轻重、角度，笔画间的距离，起笔、落笔的位置。写字的时候要平心静气，对照字帖，认真临写。写好后，再与字帖进行比对，查找差距，再写。最后将该字的写法牢记在心。

坚持是最难的，最忌一曝十寒。而这恰恰是最需要我的时机，我会做好最佳"战友"，时时与他并肩练字，用情感这种细腻无声却强大的力量，促他成功。每天固定时间，明确书写的内容，唯求精准，一切终会水到渠成。

✓ 拓展迁移

作为一名热爱汉字、关注汉字书写的语文老师，我几乎时刻把引导学生写字的信息传递给学生。

有时精心设计板书甚至凝缩为一个字，写在黑板上；有时竖着抄写古诗文；有时将优美的句子板演给学生……随时推荐优秀碑帖，介绍名家，培养学生的审美鉴赏能力。同时始终鼓励学生，激发学生写字的热情，尽可能给学生营造良好的书写氛围……

某节自习课，我给学生两人发一页A4纸，每人一半。告诉他们把桌面收拾干净，找一根自己最喜欢用的笔，设计一下书写版面，然后尽自己最大的努力用心写自己最喜欢的一段话。我教他们在纸上画出扇形、圆形、画出竖格、横格、方格……我一边查看他们写字，一边提醒他们端正坐姿。我告诉他们写字也需要一种仪式感。我用手机将他们认真写字的样子和他们虽然稚嫩但认真书写的字拍下来，留作我们共同的回忆与纪念……

我始终强调：我们书写的不仅是字，同时更是一种心情。书写的阵地不只是课堂，书法的外延是生活，日常可手写信、明信片、小纸条等，将书写与生活紧密联系，从而让生活更加有趣。

✓ 教育感悟

身为语文老师，我们有责任教导学生认识汉字、感受汉字之美，有责任倾己之全力引导学生拿起笔来——不管是钢笔还是毛笔！身为语文老师，我们唯有努力、再努力！纵我辈渺小，但无数个"小我"也可汇成一股动人的力量。唯如此，我们的汉字才能永葆其韵味，我们的民族文化才能更好地传承。

黑龙江省大庆二中　张显辉

当学生说"刺死继父",怎么办?

如果说温度是一种抚慰,那么深度就是一种引领。教师在课堂上机智应对,借文化育人,则温度可增,深度可期,智慧可生。

❯❯ 情景再现

一节名著训练课,我说起《童年》中阿廖沙为保护母亲拿起小刀刺向父亲时,一个学生有些激动,大声说:"刺死那个继父!"教室中一片哗然。这个男生是单亲家庭的孩子,做事无所顾忌,平日里以寻衅滋事为乐,很令人头疼。他的话显然被学生视为哗众取宠,可那一刻我分明看到他眼底闪过的一点真诚,听出他声音里的一点惶恐。这个从来没有在任何人面前流露过一点脆弱的男生在那一刻竟然让我觉得有些心疼。

我忽然想到:这是个非常好的教育契机。在他看似强悍的外表下,应该隐藏着一颗柔软的心。如果能用名著的力量和文化的影响,让他重新思考自己的行为,使他身上的浅层暴力转为深层正义,在他心底铺开一点暖意,那么,必将打开他的心门,给予他一种精神的抚慰和思想的引领。

❯❯ 临场应对

我首先让这个学生意识到阿廖沙是为了保护自己爱的人而进行勇敢的反抗,然后将之上升到文化层面,分析反抗背后更深层的原因,思考如何使暴力转为正义。接着我引出英雄人物的诞生和英雄文化的解读,并引用鲁迅的名言"真正的勇士敢于直面惨淡的人生"和《三国演义》中曹操的英雄观——"夫英雄者,胸有大志,腹有良谋,有包藏宇宙之机,吞吐天地之志者也",使反抗精神与英雄文化的内核相契合,最后让那个男生进行选择:"你想做个英雄还是做个'屠夫'?"

勇敢的小阿廖沙点燃了学生心中潜藏的英雄梦,他们意识到为了所爱的人、所爱的国家而勇敢地斗争，是一种莫大的幸福。课堂呈现久违的生机，学生们纷纷讲述英雄故事，神采飞扬，慷慨激昂，对英雄的境界深深向往。当我站在"英雄文化"的高度帮助学生审视那一个个居于高位的英雄灵魂的时候，学生神情肃然，脸上写满敬佩与震撼。我悄悄地注意到，那位有点暴力倾向的缺乏家人关爱的男生一直安静地聆听，目光时而迷茫时而坚定，似乎开始反思自己的行为，甚至思考自己的人生。我从一个"另类"学生的"非常"言语入手，不断地向深处挖掘，寻求课堂的生长点，用文化深处蕴含的力量帮助一个情感匮乏的学生收获了心灵的温暖和精神的成长。

技巧点拨

此案例我采用的方法是文化育人法，在学生出现问题的基础上，借助文化的力量使学生获得情感的熏陶、精神的成长。这也符合学习迁移的理论，即一种条件下进行的学习会对另一种条件下进行的学习产生影响，从影响的结果来看，这属于一种正迁移。

此方法体现了循序渐进的原则，符合学生的认知规律，也体现了思维的灵活性与思想性相结合的特点，通过情感的熏陶使学生自我反思，在知识的传递中达到育人的目的。

拓展迁移

文化育人法适用于问题探究环节，引导学生不断深入，从而获得成长。如上述案例中面对学生的"激烈"言辞，我以深度容其"过度"，使之逐渐发现自我、完善自我，但要注意使用过程中考虑学生的心理感受，不可着力拔高、刻意强加。此法还可以用在课堂导入环节，以深刻的美丽唤醒学生的向往之情，也可用在课堂拓展环节，从文本延伸至更深、更广的文化之境。教师要注意拓展的方向应与对文本的挖掘保持一致，不能随心所欲，既要有深度，也要体现合理性。

一节公开课，我讲《孔乙己》。我讲得津津有味，却发现学生一脸茫然，似乎没有听懂。我心下暗急，怎么办？鲁迅作品一向艰深，如何使学生入境解文？对，深度挖掘，在逐渐挖掘中，学生自然会慢慢理解。于是，我提到《呐喊》这部小说的主题，并引用《狂人日记》中的部分文字，让学生深入了解时代背景。当发现学生似有所悟后，我继续向深处探寻："孔乙己的悲剧仅仅是社会造成的吗？有没有文化的因素呢？"一石激起千层浪，学生想到"万般皆下品，唯有读书高"，想到"君子固穷"，于是学生顿悟孔乙己的悲剧也是封建文化因袭到一定程度后的必然。我继续追问："文化的影响可谓深矣，那么，在我们现代社会中，有没有孔乙己呢？"学生们热情高涨，畅所欲言。"有孔乙己，那些囿于糟粕文化的人就是新时代的孔乙己，他们固守着精神的牢笼，永远也无法走出思想的窘境。"那一刻，我欣慰地看到，学生的目光中满是思索，他们的思维与智慧在层层深入的挖掘中被我点燃。

≫ 教育感悟

每一个课堂都蕴含着无限的可能，每一个学生都是一个独立的世界，面对课堂教学中的种种意外，教师应具备怎样的素质方能应对自如呢？

教师应有深厚的底蕴。初中生所处的阶段正是思想的迅速生长期，情感的不稳定期，教师只有具备深厚的学养方能将学生的非常之言、非常之举引向文化的深处，在潜移默化中育人。

教师应有灵活的思维。有些作品，当学生无法从文本入手解读明白时，教师可进行适当补充，用文化的大视野观照文本，在探究中引领学生享受探索的乐趣。

课堂，是教学的生命场；文本，是教学的栖息地。当学生发出"呐喊"，我们是否有足够的智慧听到他们心底真正的声音？可以文化的深度引学生领略课堂上更多的摇曳的风景、更美的理性的光辉和更高的生命的境界。

辽宁省营口市第二十九中学　张彬彬

当学生"拒绝"写作文，怎么办?

在常规作文训练模式下，高中生很容易对写作文产生厌恶情绪。这种情绪就像一种魔咒紧箍在学生的头上，长此以往，当教师再次布置作文题时，他们可能会在课堂上集体"拒绝"写作文。

情景再现

"怎么又要写作文啊?"一个男生小声嘀咕了一下。

"这篇文章这么枯燥，写什么啊?"另一个女生也在抱怨。

"老师，这次的作文太无聊了! 能不写吗?"我的课代表给我使了个眼色，小声地对我说。

……

很多学生一开始精神状态还不错，可是学生越说越觉得无聊，慢慢变得昏昏欲睡，甚至有个别的学生已经支撑不住，疲倦地趴在课桌上了。

以上这些临时出现的"情景"让我始料未及，它们都来自我的一节课——《中国建筑的特征》。当时，为了加深学生对这篇文章的理解，我设计了一个写作任务，大致有两种思路:第一种是让学生先自行阅读文本，然后写一篇读后感;第二种是学生小组合作讨论，就文中的建筑特征，结合小组成员的日常经验，写一写他们对中国建筑某一方面的"印象"，写完之后再进行小组展示。出乎意料的是，自己的学生"拒绝"了这次作文练习。

临场应对

这篇课文虽然略显枯燥，可是它的作者是梁思成啊，梁启超的儿子，林徽因的丈夫，中国著名的建筑学家! 而且，与他相关的很多人物都大名鼎鼎，比如徐志摩和金岳霖。这时，一个问题很快在我脑海里浮现:为什么学生对以前学过的徐志摩的《再别康桥》钟爱有加且津津乐道，而对他的"情敌"梁思成的文章却有"味同嚼蜡"的感觉呢？

我忽然意识到"情"的重要，为什么不从"情"的角度去引导学生，在学生将这两篇文章进行充分对比、挖掘的基础上完成写作任务呢？我立即将本次作文写作的主题调整为"为什么是我"，全新的要求如下：

婚前，梁思成问林徽因："有一句话，我只问这一次，以后都不会再问，为什么是我？"林徽因答："答案很长，我得用一生去回答你，准备好听我了吗？"徐志摩、林徽因、梁思成三人的故事很多人都知晓，请你认真比较徐志摩的《再别康桥》和梁思成的《中国建筑的特征》两篇文章并结合相关知识，尝试找出一些蛛丝马迹，以此来回答梁思成的问题。

我万万没想到，当学生听到这个作文题时，立即精神抖擞、摩拳擦掌，马上开始写作。

本次的学生作文，仅从题目看，就能称得上是"百花齐放"：《她要的幸福》《林徽因的选择》《当梁思成遇上徐志摩》《因为是你，晚一点没关系》……再看文章内容，也让我震撼良久。以学生作文《平平淡淡才是真》为例，佳句频出，如："悄悄是别离的笙箫，夏虫也为我沉默"，这是徐志摩《再别康桥》里富有诗情画意的一句话，他的浪漫与才情深深吸引着林徽因，但这仅仅是精神世界的共鸣罢了，远不及她与梁思成之间对生活与精神两方面的共同爱好与需求。《中国建筑的特征》一文侧面反映出来的是梁思成与林徽因对建筑事业的热衷以及他们之间的美好回忆。最让我吃惊的是，一名学生文思泉涌，一气呵成，洋洋洒洒地写下两千余字。我从未看见过学生如此绞尽脑汁，只为完成一篇文章……

我用新的题目和思路启发学生，学生也相应地调整了自己的学习状态和写作思路，用全新的、高水平的作文作为回馈。

∨ 技巧点拨

此案例我采用的是调整出新的方法。简而言之，就是从能激发学生共鸣的"爱情"入手，调整写作的主题，用让学生耳目一新同时又很有"张力"的写作要求加以配合。

这种技巧对提升学生的写作积极性很有帮助。同时，由于调整后的新写作主题及要求与课文密切相关，本次写作又能够在潜移默化中让学生熟悉教材，可谓一举多得。

拓展迁移

调整出新与其说是一种技巧，不如说是一种思路。至于实际写作教学情境中具体怎么调整，具体如何出新，要因时而变、因事而变、因人而变。

2018年高考结束后的一天，我正在一堂写作课上给学生分析最新全国Ⅰ卷作文的审题与构思，谁料，一个学生突然提问："老师，思路我们早就明白了，能否给我们写一篇符合你要求的范文？"当时我有点蒙。毕竟，我上这节课之前并没打算自己下水写作。不过，既然有学生当众提出要求，我又不好意思拒绝，便当场答应了下来。这种情况的出现也要求我对自己的作文课作出调整。我思考了半晌，向全班学生提议："我们尽量多用课文素材，搞一个师生擂台赛吧！"这次没有人抱怨，而是个个都想超越我，他们一致回应：好！

以这次比赛为契机，我以《赤壁赋》中的四句话为小标题完成了下水文《时光"慢"递，缓步向前》，学生则使用《劝学》《兰亭集序》《行路难》等素材进行了写作。

教育感悟

《孙子兵法》云："故兵无常势，水无常形，能因敌变化而取胜者，谓之神。"在写作教学中，这个道理依旧适用——预设很重要，但比预设更重要的是及时调整，适时出新。如何更富有时代气息，如何更贴近社会生活，如何帮助学生书写"青春"，这些都是写作教学"调整出新"的立足点和出发点。

湖南省宁乡市第一高级中学　龙　潇

当学生沉迷爱好，怎么办？

"人无癖不可与交，以其无深情也；人无疵不可与交，以其无真气也。"

从这个意义上看，有兴趣爱好的孩子是可爱可交的。可在教育教学之中，经常会遇见沉迷爱好却在学习上马虎了事、不思进取的孩子，小A就是其中的一个。

情景再现

教学李白诗歌《宣州谢朓楼饯别校书叔云》时，我正激越高昂地讲解着这篇如"天马行空，神龙出海"的诗歌时，眼睛瞥到了坐在角落里的小A，他的左右手各执一支水性笔，以此为"剑"，正在华山论剑。他完全沉浸在自己的世界里，丝毫不被我的精彩讲析所吸引。

小A是个体育生，对于拳脚功夫痴迷不已。他崇拜古装剧里的江湖侠客，并以此为"偶像"，常常边观影边模仿，不亦乐乎。从小习武的他，功夫底子扎实，一身功夫的他也经常在各种文体活动中成为全场瞩目的焦点。片面地沉迷爱好，却在学习上提不起半点兴趣的孩子，总觉得就此荒废了学业很可惜。

我忽然想到：唐朝大诗人李白被誉为"诗仙""酒仙"和"剑仙"，李白不仅诗歌绝冠盛唐，其剑术也位居唐代第二。

能否以文武双全的李白为切口打开他的求学之门，让他也追逐"剑仙"的斐然文采呢？

临场应对

配合着"俱怀逸兴壮思飞，欲上青天揽明月"一句的奇思妙想，我顺势总结到：只有李太白的文字，一字一句皆可炼丹，吐纳出长生的浪漫。

太白除了被美誉"诗仙"之外，你知道他还有一项技能也是惊艳盛唐的吗？随后我叫起了"神游太虚观"的小A同学。

以小A的文学积累，我自然是知道他回答不出这个带有知识拓展性质的问题。

为引起他的答题兴趣，我给了两点提示：

提示一：特长相似。小A一听说名闻遐迩的诗仙和自己的特长有相似之处，立马有"回魂"之态。

提示二：夏雪宜、杨过、令狐冲。我故意选择了平日里小A同学尤其喜欢的几个武侠人物来提示。三个名字提示完毕，当其他孩子还在云里雾里，不知我所云的时候，小A已经以敏捷的反应做出了正确的应答——"栾老师，是剑术吧！"

我为小A鼓掌，全班顿时也掌声雷动。小A同学彻底"沦陷"在这一轮喝彩声中。

这时候的小A第一次尝到了语文课堂里的"一马当先"的骄傲感。趁热打铁，我又把话语权交给了小A，请他释疑。

小A滔滔不绝：夏雪宜是《碧血剑》里的人物，擅长金蛇剑法；杨过是《神雕侠侣》里的人物，擅长玉女剑法和玄铁剑法；令狐冲是《笑傲江湖》里的人物，擅长独孤九剑。

我再一次把掌声及时送上，发自内心地为小A点头、微笑、默叹、以为妙绝。

我说："在中国文学史上，在那个兵荒马乱的时代，很多有志之士都是文武全才。现在，很多男孩名字中的'斌'字，寄寓了父母'丰富其脑袋，健全其体魄'的美好愿望。小A同学，你已经是我们班的半个李太白啦，认真学习李太白的诗，熟读唐诗三百首，很快，你就要被冠名'李白'的外号啦！"

一阵欢笑，一阵清风。这节语文课，小A听得特别入味，特别专注。这节关于李白的诗歌课，成了小A回归语文课堂的起点。

此案例我采用的是点石成金法，借助小A同学对于武侠爱好的特殊情感，转化为教育契机，投其所好，顺势引导。由此小A同学以趣为突破口，完成了从"沉迷爱好"到"主动求知"的变化。

教育的深处是会心之美，只有触及内心的真正碰撞，才会有心灵感动的幽深之美。扼之，不如导之，一如治水之法。

点石成金法适用于情感丰富，有一定学业潜力的孩子。在与学生的沟通中，紧紧抓住学生的爱好、心理，顺藤摸瓜，顺势引导，一切都会水到渠成。在教育教学过程中，还需注意循序渐进，一点点关注，一点点肯定，一点点引导，学会慢慢走、浅浅教。

无独有偶，三年轮回里的故事总是有那么多惊人的相似。

小B是个痴迷绘画的孩子，性格阳光，但学习马虎，不思学业上的进取。上课时常常把课文画成连环画，常常把家校联系本当作绘画本，每日感言常常是纸上无一字，"画个画儿替"。有了小A的教育经验，我开始寻找教育小B的契机。学校举办"秋日里的故事"校园美术大赛，小B画了一幅农田秋收图给我看，我大赞其构图创意、线条走笔。

在征求小B同意后，我即兴提笔在空白处题了几行小字：

秋风起，落叶黄，农民丰收忙；果香甜，粮归仓，秋天田野好景象。

小B夸张惊呼老师有才。我鼓励她，只要每天跟着老师学几句诗情画意的句子，以后就能自己作画题小诗啦。小B在我的"忽悠"下，听课效率明显有所改善，之前空无一字，满是画作的家校联系本上，开始呈现出一派"图文并茂"的欣欣向荣景象。

看得见的改变，从"心"开始。

凯利·麦格尼格尔在《自控力》一书中提到把"我不要"变成"我想

要"是极其苦难的，所以读懂孩子是教师的必修课。

教师，需要拥有一双最智慧的眼睛、最敏锐的耳朵和一颗最善感的心灵，洞察着、引导着、奔跑着、赞美着、发掘着，用情感去浸润孩子的成长，用陪伴与引导去贴近每一个生动而活泼的灵魂。

多一些自由与包容，多一些才学与应变，多一些创意与实践，一往无前地去追寻教育最美的姿态，花开有期，让我们一同期待！

江苏省常州市实验初级中学　栾　燕

第五章
人际交往引导

当家长因孩子问题向你求助，怎么办？

家长们有走过千山万水的丰富经验，孩子们正经历着独一无二的成长。当成人思维撞上青春的倔强，当家长将求助的眼神投向学校和老师，老师如何才能在两代人的心间架起一座沟通的桥梁呢？

∨ 情景再现

一次家长会，一个女生的父母竟都来了，这在我的家长会史上是第一次。她父亲见到我说的第一句话就是："张老师，这个孩子我们实在没办法了。"说着，眼圈就红了。接着，他又说："我们也不知道，一个女孩子，怎么就让我们养成这样了！"这次，眼泪真的下来了。

原来，他们家离学校较远，为了上学方便，她住在姥姥家里，姥姥姥爷全心全意照顾她。她放学就能吃上精心准备的饭菜，家务不用做，甚至她的被子都是姥姥叠。但是，她却经常为一点琐事跟两位老人发脾气爆粗口，一次还因为毛笔字写不好，甩了姥爷一身墨水。父母责备她不懂事，她态度很恶劣，从此与父母陷入"冷战"中。

∨ 临场应对

在与他们沟通的过程中我逐渐了解到，这对父母对孩子期望甚高，平日对她指责总多于表扬，而她又不愿意每天都被指责和说教，于是双方的沟通越来越困难。

在这对父母面前，我先是变成了孩子的"父母"。我既为看到孩子的点滴成长而高兴，又为孩子的不理智和倔强陪着他们掉眼泪……可只是沉浸在这样的"同情"中，我们永远无法解决问题，我还要做他们的情感疏导员，最终达到"同理"。于是我讲了我的成长故事，讲我一直无法达到父母期望时的焦灼与伤心。在我的引导下，他们也回忆了自己的成长，以及身边对孩子期望过高适得其反的事，逐渐意识到自己的问题所在。在这样一种"同情""同理"的氛围中，我们对孩子的性格、习惯、心理、能力的看法进行了深入交流，甚至父母在家说话时的语气语调都被我们细细地斟酌……

然后我开始面对这个"逆反"的女孩，我跟她谈起了一件我们都记忆犹新的事：她曾跟一个人高马大的男生起冲突，只因为那个男生说她不好，无意中辱及她的父母。她当时眼睛通红，强忍着不掉泪，抓着沉重的书包抢了男生好几下，直到我匆忙赶到后才劝住。我只说了一句："你这么维护爸爸妈妈，我也好想有你这么一个勇敢的女儿！可是姥姥姥爷正是你母亲的爸爸妈妈呀，你对他们的态度如何呢？"她坐着不说话，眼泪却慢慢流了下来。

技巧点拨

此案例我采用的是情感熏陶法。情感熏陶法是指在双方彼此信任和看重的基础上，以符合对方心理需要的方式去影响对方，让对方受到感化的一种教育方法。

此方法有一个重要前提——彼此信任和看重，这就要求必须建立良好的师生关系，老师日常温馨的语言、真诚的态度、广博的见识都可起到不可忽视的作用。其实，家长和孩子之间出现沟通障碍，不过是其中一方不能真正站在对方的角度去考虑问题。这时老师就要巧妙搭好双方沟通的桥梁，既要理解家长的期望，当得了家长的情感疏导员，又要从心理细微处感化，做好学生的心理引导者。本案例就是通过情感的熏陶，使家长和学生自我反思并不断改进，最终取得良好效果。

拓展迁移

情感熏陶法可以让人有更为明确的是非善恶美丑的判断，思考问题也更客观理智，更易促使其观照自我、深入反思和自我提升。最常用的情感熏陶法是人格感化，依靠教师强大的个人魅力来触动、感化对方。

一天晚自习结束后，我突然接到一名家长的电话："张老师，我们家孩子离家出走了！"我很惊讶，那个男孩刚才上晚自习还挺正常，怎么会说走就走呢？后来家长跟我说，是孩子一回家就玩手机，他训斥了几句，孩子就跑了。当天晚上帮家长找回孩子后，我约家长第二天到校谈谈。解决这个问题时，我仍然是特别理解父亲望子成龙的愿望，贴近家长的心理，谈我在教育女儿时面临的同样的问题和困惑……在这样的交流中，家长脸上的表情越来越和缓，随后又交流了解决问题的策略：问清楚孩子用手机做什么，理解孩子成长过程中的社交和情感需要，说清楚自己的要求和愿望，同时给予孩子一定的自由。而对那个孩子，因为日常交流较多，他也比较外向，我只是问了他一句："你平时总说佩服我，我也有跟你们生气的时候，那我有没有那么不负责任地扔下你们不管？"一句话说得他低下了头，后来郑重地向家长和我道了歉。

教育感悟

面对形形色色的家庭问题，教师应具备怎样的素质方能自如应对呢？

教师要能从细微处发现学生的心灵闪光点。这个"闪光点"应该是学生不自知的，惟其如此，在交流中突然由教师点破，才更能激发学生的一种自豪感，或者引发自省。

教师心中更要有足够的爱和理智。在与学生和家长交流的过程中，"同情同理心"会创设一个"场"——我们互相理解，互相认同，互相鼓励。

当父母的期待撞上青春的倔强，学校便是柔化其情绪的最佳生命场。当老师的同情同理融进那一片惊涛骇浪，感动、感染、感化便是最强大的力量。

河北省邯郸市钢苑中学　张艳霄

当学生不会与人交往，怎么办？

一个人的成长，离不开他所在的集体，一个人存在于集体中，又离不开彼此之间的交往。然而在现实教育中，尤其是在班级管理工作中，总会遇到一些孩子不会与人交往的现象。这种现象给班主任工作带来了很多困难，常常让人感到棘手。

∨ 情景再现

开学伊始，我又接手了一届学生。

报到当天上午，同学们陆续来到教室，挨个走到台前，拿起笔，兴奋地在报到册上写下自己的名字后坐下。我的耳边是新同学叽叽喳喳的声音，我的眼里是新同学对新环境好奇的眼光，还有孩子们相互认识、打招呼的情境。报到即将结束时，我突然意识到坐在我眼前的一个从头到尾都"异常安静"的学生。他，高挑的个头，黑黝黝的脸庞，一副宠辱不惊的样子。他签名之后，就一声不吭地坐在临时指定的座位上。周围新同学无论怎么吵闹，他都无动于衷，有同学尝试和他打招呼，他也表现出一副"冷漠"的样子。从来到教室到离开教室，几个小时他从未与周围同学说过一句话，甚至未交流过一个眼神，他始终低着头，沉默着，无声无息。课后同事告知我，他竟然是小有名气的"混世魔王"，我更加疑惑了。

∨ 临场应对

为了更全面地了解这个"宝贝"，我开始尝试先让他融入集体。在开学第一节班会上我就设计了一张"班级欣赏卡"，让学生每天把班里最让人欣赏的同学的名字写出来，并写出理由，借此培养学生发现别人优点的习惯；同时也让孩子们把父母、老师对自己的欣赏之处记下来；更重要的是树立每一个孩子欣赏自己的信心。每周收回后，我都很关注其他同学对这个"宝贝"的评价。就在开学第二周，有同学的卡上居然写到了对这位"宝贝"的欣赏的理由：他是我进入班级以来第一个和我说过话的人。班会后，我把这个"宝贝"叫到办公室，告诉了他这个消息。他抬起头看着我，有些惊诧。我趁热打铁，表扬了他身上的优点，比如稳重、有思想、有责任意识等等，他竟然害羞地笑了，笑容中带着一种自豪、幸福和满足。没想到，今天的一句话，竟然打开了孩子的心结，他告诉我，从小到大，老师都不喜欢他，所以他也不喜欢老师，今天我竟然发现了他的闪光之处，他觉得我这个老师不势利，不死板，能走进学生心里。从那以后，他竟然变得懂事了，还主动承担一些责任，在班级是一个充满正能量的孩子。

技巧点拨

在这个案例中，我采用的是金句引玉法，此法指当我们面对一个教育对象时，发现他在成长过程中偶尔出现了一些问题，这时候我们不要直接批评或疾风骤雨地去处理，而是要用智慧，用更巧妙的办法和经典的语言慢慢打动他和感染他，以实现"良言一句暖三冬"的教育效果。

此方法使用的原则是发现、欣赏、沟通、鼓励，运用精当的语言一语中的。这是符合人的性格特点和成长规律的，也充分体现了教师语言艺术的价值。孔子所谓"一言以兴人，一言以伤人"，道理也正在于此。

拓展迁移

金句引玉法在老师与学生的交往中会经常用到。教育学生要遵循因材施教的原则。陶行知老先生说过："你的教鞭下有瓦特，你的冷眼里有牛顿，你的讥笑中有爱迪生。你别忙着把他们赶跑。"他们或许就是未来的天才，或许就是将来国家某个领域的栋梁。教育就是要拿出爱和学生沟通，才能潜移默化地影响学生，产生奇妙的效果。苏联教育家苏霍姆林斯基就是把教师热爱学生作为"教育的奥秘"，从而树立了"把整个心灵献给孩子们"的教育理想。

高一开学，军训是一门必不可少的课程。对于新组建的班级，同学们都比较陌生，为了让孩子们尽快适应班集体，我在军训前给孩子们布置了两个小任务：一是进入新班后，考虑自己能为新班、新同学做点什么；二是隔一天写一篇军训日记，记录自己在绿色军营的美好回忆。同学们十分积极，跃跃欲试。通过观察我发现，有一个男孩子，默默不语，独来独往，很少与同学交流。有一天我查房，已经晚上11点多了，那个孩子所在的宿舍还有灯光在晃来晃去。我想，这么晚了，还有人不休息？我迅步上前想抓个正着。然而当门被推开时，我傻眼了：就是这个不爱吭气的男孩，正在打着手电筒埋头写军训日记。我拿起日记本一页一页翻看，被他的认真感动了，情不自禁地流下了眼泪。原来这个孩子从军训第一天起，就天天写军训日记。我顾不得夜已深，拿起电话就拨给了他的父亲，与我素未谋面的孩子父亲听到孩子连夜写日记的消息，激动地哭了。他说："老师，这么多年，由于我儿子内向不爱说话，常被老师忽视，您刚当上孩子的班主任就发现了孩子的优点，我太感动了，谢谢您啊！"

教育感悟

每一个孩子，都是上帝安排给我们的天使，他们的到来，是每一个为人师者的幸运，善待每一个孩子，就是善待我们的职业、善待我们的人生。每个孩子都有自己的天性，有的活泼，有的腼腆，有的热情，有的沉静，有的温柔，有的调皮……不管我们遇上什么样性格特点的孩子，都应该正确引导。或许我们的一个发现，就能点亮孩子的心灵；或许我们的一句话，就会改变孩子的一生。"金句一言启智慧，良言一句暖三冬"，这就是教育的真谛！

山西省实验中学　樊玉仙

当学生喜欢你，怎么办？

　　古语云："亲其师，信其道。"良好的师生关系不仅是顺利完成教育教学任务的必要手段，而且是师生双方在教育教学活动中的价值、生命意义的具体体现。学生喜欢自己，固然是好事。但是我们要多角度、多方面看待这种关系，使之既符合教育科学规律，又兼顾学生身心发展水平，最终使师生关系获得正常和谐发展，教育教学任务顺利完成。

∨ 情景再现

　　一天，讲人物描写的时候，为了学以致用，我请学生对自己最喜欢的人进行描写，要抓住人物特点。学生们先是进行构思，接着先后动笔。我在学生中间巡回指点，可是无论走到哪里，总感觉有人在注视着我。其实，这种感觉已经不是一天两天了，只不过今天尤其强烈而已。到了课堂展示环节，学生们纷纷发言。有的描写父母亲人，有的描写同学好友，更多的同学描写影视明星。这时，桃子同学把手高高举起，我请她诵读所写的文章片段。她大声念道："我最喜欢的人，就是天天陪伴我们的班主任张老师。他风趣幽默，能说一口流利的英语，普通话更是达到播音员的水准；他有着健壮的身材，玩得一手好球，是绿茵场上一道美丽的风景；他平时戴着黑色的宽边眼镜，透着儒雅智慧的光芒……"

　　听到这里，我恍然大悟：背后的目光，原来是她！怪不得最近她总是在课余时间问我朗诵技巧，篮球场边总是在那里呐喊助威，课堂上表现积极……她读完后，兴奋地坐下了。很好的文字，我本该高兴。可是联想到她偏科严重，只喜欢我教的学科，一个同学还和我说，"你那天表扬了一班女同学后，她看一班哪个女生都不顺眼"，我觉得有必要理性地面对这个问题，和她谈一谈了。

我对发言同学的作品进行了简单点评，然后又请他们说一说自己最喜欢的人身上有着怎样的优点，是怎样的优良品质吸引了自己，教育学生不仅要关注这些人光鲜的外表，更要关注他们身上体现出来的人性的责任、爱心。学生一一发言后，我又引导他们思考这些人身上的优点是怎样形成的，和他们分析这些人背后付出了怎样的努力。我以自身为例，告诉他们自己在学生时代是怎样为了攒钱买书提高口语水平而节省吃饭花销的；是怎样冬练三九、夏练三伏健身锻炼的；是怎样如饥似渴地趴在被窝看书的。最后，我又请大家思考：你最喜欢的人，希望你是什么样子的？学生们纷纷发表看法。我最后总结：为了自己最喜欢的人，请你奋发努力，变成最好的自己！同学们纷纷点头称是，桃子同学似有所悟。日后观察，桃子同学不再偏科了，也不对另外一个班级的同学"横眉冷对"了。

技巧点拨

此案例我采用的方法是多元解读法，是指针对同一事件从不同角度、不同层面、不同背景等进行解读，还包括对不同个体的不同解读、对同一个体在不同环境和阶段的不同解读等。

此案例运用的方法体现了人类认识世界的科学世界观和方法论，同时完成了在学科教学中进行德育教育的要求，潜移默化地对学生进行了德育熏陶，贯彻了立德树人的理念。

拓展迁移

多元解读法是培养学生辩证看待问题，养成科学的世界观，开发学生的创造性思维的重要手段之一，是教学的终极目标之一。正如鲁迅说的那样，一本《红楼梦》，经学家看见《易》，道学家看见淫，才子看见缠绵，革命家看见排满，流言家看见宫闱秘事。这不意味着任何人都能对事件本身进行任意的曲解，而是说，我们在理解其中的社会、历史、传统的涵蕴的基础上，对其主题作出有说服力的可能的阐释与理解。

比如桃子同学表露出来的对我的喜欢，我既没有盲目高兴、扬扬自得，也没有视其为洪水猛兽、惊慌失措。只要理智分析学生的心理生理发育规律，正确引导，一切都会云淡风轻，甚至产生明显的激励作用。

一次课间，我和另一个任课班级的学生进行交流。说得起劲时，我班的几名同学过来了。他们直接抱住了我的胳膊，宣示主权一样地说："这是我们的班主任老师，下课了你们还缠着干什么？"

针对这种情况，我既不能严厉批评自己班级的学生不懂礼貌，随意打断我和另外一个任课班级学生的对话，又不能对学生表达出来的对自己的热爱无动于衷。于是，我把两个班级的学生招呼到一起，告诉他们我前些天在两个任课班级举行的课本剧表演，现在要打乱班级概念，海选演员进行优化组合，好在全校师生面前进行汇报演出，请他们所有人推举出各个角色适合的人选，并且提出服装、道具、语言等其他细节方面需要注意的问题。

学生们马上打破班级的壁垒，热烈地讨论起来，一会儿争论得面红耳赤，一会儿又爆发出开心的笑声。看着这些爱着我的孩子消除了隔阂，我感到无比的自豪。

教育感悟

任何事情都有正反两方面。一件事从不同角度去看，就会看到不同的风景，会有不同的感受。一片落叶，你也许会看到"零落成泥碾作尘"的悲惨命运，但是只要换个角度想，你便会发现它"化作春泥更护花"的高尚节操。俗语说的"河有两岸，事有两面"就是这个道理。

因此，教师要拥有一双慧眼，看到事物的不同方面，进行多元解读，使教育教学工作得以顺利开展，使学生身心得到健康发展。

辽宁省朝阳县东大道中学　张杰波

当学生说"苏轼很虚伪",怎么办?

文字是思想的载体,亦是情感的出口。如果教师能用诗意浸润课堂,做学生思想的摆渡人,那么,字可触,情可感。在语文的课堂上,在文字的世界里,让灵魂与灵魂碰撞、让精神与精神交流,完成知识的传授和思想的引领,可谓语文教学的完美之境。

情景再现

高一学生学习《定风波·莫听穿林打叶声》,在探究诗句"竹杖芒鞋轻胜马,谁怕?一蓑烟雨任平生"中苏轼洒脱情怀的现实意义时,一个学生很不屑地说:"我觉得,苏轼很虚伪,在自欺欺人。"小组成员疑惑地看着他,显然他背离了小组讨论的观点。这个学生资质平平,平时不爱说话,但学习态度一直很端正。很多学生投之以另类的眼光,而他却紧握拳头,眼神里闪烁着局促和不安。这个从没有放弃努力,成绩却从没有突破的学生,顿时让我很心疼,就像我曾心疼苏轼一样。苏轼虽才华横溢,却屡屡遭贬。可是苏轼无论被贬到哪里,都活出了属于自己的一份诗意。我忽然意识到:这个类型的学生,对坚持的意义与价值特别珍视,也许苏轼的洒脱刺痛了这个学生的内心,他才觉得苏轼虚伪,而学生内心的无奈和无助却如火般灼烧着他自己。我想挖掘文字的力量,对他进行诗意的浸润和情感的熏陶,让他明白自己坚持努力的意义何在。

临场应对

我以苏轼经历的坎坷和波折为依据,重点引用了他的诗文,让学生体会苏轼面对人生艰难之处时拥有的那份诗心。苏轼在捡了一条命后,远离朝廷结缘黄州。他有初到黄州时"也拟哭途穷,死灰吹不起"的苦闷;也有置身黄州"拣尽寒枝不肯栖,寂寞沙洲冷"的孤寂;更有离开黄州时"桑下岂无三宿恋"的不舍。在黄州，苏轼完成了心路历程的蜕变。我进一步拓展，带领学生品味苏轼虽坎坷却亮丽的诗意人生：被贬杭州时，他有着"我本无家更安往，故乡无此好湖山"的洒脱；被贬密州时，他有着"老夫聊发少年狂，左牵黄，右擎苍，锦帽貂裘，千骑卷平岗"的狂放；被贬黄州时，他有着"诵明月之诗，歌窈窕之章"的悠然；被贬惠州时，他有着"日啖荔枝三百颗，不辞长作岭南人"的鲜活。苏轼的一生遭受了无数次的打击，但是他始终能从痛苦中突围出来，洒脱旷达。这就是古人的精神魅力，亦是他们诗意的人生。"最是艰难处，最是修行时"，这份面对生活的勇气不正是我们砥砺前行的明灯吗？在最后，我让学生明白这种精神的可贵：不放弃是因为对未来还有憧憬，能坚持是因为对未来还有追求。

苏轼的乐观和直面苦难所做出的选择，激起了学生对诗和远方的向往。他们意识到苦难、坎坷是无法回避的人生问题，而积极、乐观、诗意地栖居，才是应有的选择。学生畅所欲言，回顾了很多有精神魅力的古人：陆游，虽一生不顺，却不忘对爱国诺言的坚守；杜甫，虽颠沛流离，却始终怀着"致君尧舜上，再使风俗淳"的信念；易安，虽经历国破家亡，却依然在词坛独树一帜。当我们站在情感的高度帮助学生与那些鲜活的灵魂进行交流时，学生感受到的就会是高贵与伟大，就会是震撼和感动。渐渐地，那个学生的脸色舒缓了许多，紧握的双拳也松开了，眼里噙着泪水。也许是他在古人的选择和精神引领中找到了心灵的归属，找到了自己何以坚持的动力。我从诗意浸润着手，深入探究，品味文字，从中寻找情感的出口，用心灵的力量帮助一个执著努力的学生从古人的精神力量中找到了坚持努力下去的理由。

技巧点拨

这个案例我采用的方法是诗意浸润，情感熏陶，让学生体悟文字的力量进而汲取精神的力量，最终获得心灵的丰盈和成长。这正切合了语文文化育人的要求，也是对审美鉴赏与创造素养理念的践行。"纸上得来终觉浅，绝知此事要躬行"，身体力行运用诗意的语言，浸润诗意的情感，构建有价值的、充满活力的语文课堂，是提升语文课堂魅力的有效途径。

诗意浸润、情感熏陶，能很大程度上引起学生心灵的共鸣，能点燃学生对语文的热情。将此法运用到课堂的问题探究中，去唤醒学生沉睡的诗心，让学生享受语文课堂之美，感受语言的深度和思想的高度，这是值得我们反复实践并熟练掌握的基本技法之一。

曾品析《沁园春·长沙》，毛主席描绘的秋景生机勃勃，可是学生却十分不解。他们认为"自古逢秋悲寂寥"，秋景不是萧条的吗？主席笔下之秋景何以如此不同？于是我拿出应对之策：诗意浸润、情感熏陶。品味"鹰击长空、鱼翔浅底"的炼字魅力，"击"描摹出雄鹰搏击的力度，"翔"刻画出游鱼的轻盈度，此景少了秋日的萧条，而多了一份生机，再加上主席眼中"百舸争流""千帆竞发"的场景正是他博大胸怀的体现。眼界决定境界，让学生体悟主席词作的魅力，体悟主席面对现实所激发的诗意和抒发的情怀，让学生明白：即使现实的土壤再贫瘠，也要让精神的花朵绚丽绽放的人生至理。

教育感悟

如果课堂是舞台，那么学生就是舞台的主角，教师就是幕后的导演，如何让学生在舞台上尽情享受，教师如何得心应手地驾驭课堂？这是值得我们深思的问题。荷尔德林说过，人充满劳绩，但仍诗意地栖居于大地上。面对教学的重任，教师应怀揣一颗诗心，用诗意浸润课堂，用情感熏陶学生，让学生尽情享受语文之美、精神之美、文化之美。

山西省朔州市朔城区一中　袁利平

当学生说"你瞧不起我"，怎么办？

在师生关系中，学生一旦觉得自己被老师"瞧不起"，就很容易产生自卑、厌学、逆反等心理，甚至和老师爆发冲突，最终两败俱伤。事实上，很多时候"被瞧不起"都源于学生自己"想多了"，因此，及时捕捉学生的异样表现，由果溯因，探明此种心理产生的原因并对症下药，才能将这种误会扼杀于萌芽中，维护健康而珍贵的师生情谊。

∨ 情景再现

语文课上，我发现班里一名性格开朗、发言积极的女同学最近两天情绪恹恹，思考问题不主动，课堂活动也不参加，还时不时流露出不耐烦的神色，我有些担忧，于是下课后将她领回办公室了解情况。

但她似乎并不理解我的想法，眼神里闪现着敌意，于是我放缓语调安抚她："感觉你这两天上课不太精神呢，不舒服吗？"可她的回答却出乎我的意料："老师，你是不是瞧不起我？"震惊之余，在她略微颤抖的语调中，我听出了小姑娘的质疑、委屈、惶恐和倔强。

∨ 临场应对

一向和学生们相处融洽，这样的回答让我始料不及。我自认为并无不当之举，而她却认为我"瞧不起"她，因此，想要解开芥蒂，就必须弄清原因。

"周三的作文课，在我阐明立意的时候，您一直说我思路太偏，可每个人看问题的角度不同，可能你看到的是杨桃而我看到的就是五角星，不能说谁偏谁正。还有，别的同学回答完我想反驳，您也不叫我，不给我解释的机会，有点不公平。"小姑娘一口气说完，我在脑海中迅速整理出三条信息：1.课堂上的问题她还没有弄清；2.表述清晰甚至引用论据，她显然是"有备而来"，不满情绪应该酝酿有一段时间了；3.我在课堂中太过执著自我，没有充分尊重学生的想法。

知道了"瞧不起"事件的直接原因还不够，不解开这个心结，下次再遇到类似情况，她可能依然会觉得"被瞧不起"。我决定以此为契机，逆推出她内心的真正需求。"我能知道你说的'瞧不起'具体指什么吗？"

"就是上课不叫我回答问题，也不听我解释，感觉自己被嫌弃了。"

原来，小姑娘说的"瞧不起"只是课堂上对她不够重视，并不是人格上的轻侮，我舒了一口气。课堂中，学生往往期待表现自我，希望得到老师的表扬和同学的认同，而一旦这种机会被剥夺，就会产生挫败和焦虑情绪，那么，她这两天课上的反常表现也就有据可循了。

找到了症结所在，处理起来也就更有针对性。首先，我表扬了她思考全面的好习惯，并对自己课堂上没有充分听取她的想法表示歉意，随后又针对当时的作文题和她进行了详细探讨，看着她的疑窦一个个被解开，我心中的石头也终于落地了。最后，我嘱咐她，如果以后遇到什么问题一定要和老师及时沟通，不要埋在心里，这样既影响心情又降低学习效率。

经过这次透彻的交流，第二天上课时，她果然又恢复了往日的神采，思考、回答问题也更加积极了。

⌄ 技巧点拨

在处理这一"瞧不起"事件时，我采用的是逆推分析法，使用该方法需注意以下几点：（1）兼顾学生彼时的行为和心理，从内外两个方面发掘原因，并适当结合心理学知识准确找到"病因"，切不可武断下结论，治标不治本。（2）把握联系，顺藤摸瓜。综合学生的行为、语言、态度等推测其内心的真实想法，既不能惊扰，也不能放任。（3）控制好挖掘的"度"，太浅得不出准确结论，太深则会伤及"真元"。与其关照过度引起反感，不如保持一定的"界限感"，只在合适的场合给予适当的点拨，帮助其走出困惑。

⌄ 拓展迁移

逆推分析法的关键在于"由果溯因"，根据学生的异常表现，综合内外因分析症结所在，进而有针对性地解决。它不仅可以用于处理师生关系问题，对于课堂教学中学生的"超预设""超常规"甚至不合理的提问或回答也同样适用。

讲解杜甫专题时，一名男同学对老杜的忧国忧民情怀十分不屑，甚至在课堂高呼："把杜甫赶出课本"，"他连自己的妻儿都照顾不好，还空谈什么家国百姓？"面对这一"叛逆"问题，我并没有立即反驳，而是就该同学的观点临时组织了一场辩论赛，探讨杜甫究竟该不该因此被"赶出课本"。就在学生准备的时候，我也开始思考"赶出杜甫"这一想法产生的原因：男同学的说法显然是对古人的家国情怀有误解，他对家庭有着明确的责任意识，对社会的关注却不够，这与其成长环境有关——作为备受宠爱的独生子女和光宗耀祖的"家中希望"，往往被"困居"在家人的呵护之间，一心只读圣贤书，缺少对社会的感知，因此家国意识淡薄，对"忧大家忘小家"的杜甫嗤之以鼻。

针对这样的缺憾，在辩论开始前，我在黑板上写上"个人VS家国""自我价值VS社会价值"两组词语作为提示。接下来的辩论中，双方有质疑、有争执，但在"家国观念"的启发之下，学生们的论据不再局限于个人，而是引经据典，向文人精神和社会生活延伸。最后，一名女同学做出了精彩的总结："杜甫不是官迷，也不是傻子，个人生活的窘迫不能抵消他对国家的虔诚，这叫作'道之所在，虽千万人吾往矣'。"在热烈的掌声中，我看到那名男同学也信服地点头。虽然学生们对于"家国情怀"的理解目前仍停留在文字上，但我相信这将在他们心中种下责任的种子。

教育感悟

教育在造就人，它不仅是机械地把知识从一个头脑转移到另一个头脑，更是师生间心灵的交流和生命的对话。因此，当冲突发生时，不要逃避，更不要争胜，怀着一颗真诚的心，循序渐进地去挖掘冲突背后的原因并给出恰切的解决办法，和谐美满的师生关系也就应运而生了。

内蒙古通辽实验中学　　张佳乐

当学生与你产生距离感，怎么办?

苏霍姆林斯基曾说，真正的教育意味着人和人心灵上最微妙的接触，学校是人们心灵相互接触的世界。师生关系是教育活动中最基本的人际关系。"亲其师，信其道"，良好的师生关系有助于提高教学水平，有助于实现教学双赢。然而，心理上的接纳和融入程度直接影响着师生间的关系。师生间距离过远就会生疏，过近则显得不那么庄重。那么，如何消除师生间的距离感，构建良好的师生关系呢? 我们可以采用顺水推舟的方法。

∨ 情景再现

班上有名男生叫小彭，性格极为特殊，他孤僻、冷漠、易暴躁，对同学，尤其是对老师很排斥。初一军训时，他因为动作不认真被教官批评，我发现他当时的眼神中充满愤怒，双拳紧握。我马上把他叫到了身边，准备和他谈谈，可他却僵直着身子站在我面前，既不看我，也不回答我的问题。面对这种突发性的情况，如果我当场发火训斥，很可能就会闹得师生不欢而散，彼此尴尬。

∨ 临场应对

看着他因怨怼而颤抖的双肩，我沉默了一下，顺势将手搭在他肩头，他本能地躲闪，眼神中充满防备。我微笑着拉住他的手，轻声说："你知道世界上最远的距离是什么吗? "听我如此一问，他愣了，僵硬的手臂似乎也变得柔软，这种意外的问话当即让他得到了一种放松，我顺势又说："泰戈尔说是生与死的距离，我看未必! "听到这儿，小彭的眼中又浮现出一丝惊奇，我顺势说："那便是我站在你面前，你却不看我一眼呗! "听罢，小彭忍不住笑了。重返队伍后的他，眼神中少了些冷漠，多了些柔和，动作也明显规范了。

其实师生之间距离的远近、亲疏不应是非此即彼的二元对立关系，而应该是亦此亦彼的辩证协作关系。在突发性问题出现时，教师采用强硬的态度进行说教，只会适得其反。暂时回避矛盾，培养师生同理心，注意语言沟通的技巧，借助诗意的语言或非语言的形式传递理解的信息并彼此接纳，才能彼此建立信任。

∨ 技巧点拨

此案例采用顺水推舟的方法，这是建立在尊重、理解基础之上的一种师生沟通方式。师者放下高高在上的威严，与学生平等对话，准确分析学生情绪的形成原因。针对像小彭这样与老师和同学有着强烈距离感的学生，首先是要查找距离感产生的源头：父母离异，家庭纷争。在这种环境中长大，他渐渐地对父母及周围人产生了强烈的排斥感。在突发性事件中，我抓住沟通的契机，打开他的心扉，避免说教，因势利导，选择符合学生情感认知的话题切入，从而拉近师生距离。这种方法的应用要求师者转变传统教育观念，树立平等交流理念，近距离赏识学生，这样才能让学生真正地打开心扉，实现育人目标。

∨ 拓展迁移

顺水推舟法适用于教育教学活动，它无法预设，是建立在师生间理解、平等、尊重的基础上的。在突发情况下，师生间首先应找到双方感兴趣的话题，建立师生间信任的桥梁，通过此方式对学生的知觉、思维和态度体系产生影响。师生间的沟通是一种技术，更是一种艺术，教师的肢体语言可减轻学生的心理抵触，幽默诗意的语言又可唤醒学生内心封闭的美好。师者应放弃权威的说教和严酷的命令，更多地给予学生尊重、理解和关爱。顺水推舟法突出师者的因势利导，顺学生情感变化之水，推理解信任之舟。

初二我们班转来一名男生叫小帅，沉默寡言，很少见到他与同学们交流。学校举办篮球赛，他报名参赛。赛场上的他抢球很积极，可以看出他篮球基础很好，但是他却几乎不给同伴传球，由于缺乏配合，我班最终失败。赛后，输球的他气得不肯进班上课，在走廊里骂骂咧咧、踢墙壁。我叫他，他却一言不发。面对学生突发性的情绪失控，说教是无用的。根据当时的情况我顺水推舟，借此次比赛与他先确立了共同的话题。起初他以为我会批评他，眼神中满是防备，而我却对他的球技大加赞赏。见他眼中有光彩闪动，我又顺势和他聊起了自己上大学时参加篮球比赛的经历，讲述自己虽跑动积极，但因个子矮小很难强攻至篮下，可是依靠队友间默契配合、互相信任，我们班总能取得好成绩……推心置腹，交流就这样自然而然地展开，眼神交汇中我捕捉到他细微的变化，他心里的排斥感已渐消逝，随之而现的是晶莹的泪光。我语重心长地对他说："比赛必然会有输赢，学会协作、学会接纳也是一种胜利！"顺势利导既让矛盾双方保持了一种动态的平衡，又让师生间更为和谐。

⌄ 教育感悟

师与生、教与学，在教育活动中无不体现着动态平衡之美，良好的师生关系会让教育过程成为一种愉快的交流过程。师生间的沟通是一种能力，它具有灵活性与持续性。做睿智有爱的师者，掌握沟通的原理和技巧，用深厚的学养底蕴影响人，用诗意的语言感染人，用幽默个性的交流吸引人，课堂上妙语生香，教学相长，课堂外因势利导，其乐融融。人具有理性的潜能，这一潜能在温暖、接纳、支持的环境中才能发展，对于问题可以通过言语沟通达到合理解决的目的！因此，消除师生间的距离感，仅满足于问题解决是不够的，师者的人格魅力和充满诗意的言语才是师生间沟通最有效的方式，顺水推舟、因势利导，才能让教育教学中师生的沟通更和谐。

黑龙江省牡丹江市第四中学　黎　薇

当学生迷失在早恋的阴影中，怎么办？

嫩嫩青果甘亦苦，面对学生陷入早恋，作为家长和老师，该如何来引导他们，正确处理这个问题呢？爱虽无对错，却有规则，面对校园情感要理性引导，入情入境，学会识爱而非盲爱。

❯❯ 情景再现

那天给学生讲《长恨歌》，有个学生突然站了起来，他的声音有点低沉，支支吾吾地对班上一个女生说："每次都偷偷地看你，好几次暗暗进入你的空间，很早就喜欢你，从不敢看你……这个学期忍不住给你留言，你没有搭理我，那天早上，在饭堂看到你，我远远地就跑掉了，我知道你讨厌我，我不是有意喜欢你的，我知道你讨厌我……"这些话，由他，一个阳光、快乐却有些自矜沉默的男孩说出来，我大吃一惊，这是表白，是忏悔？可他没去骚扰她，甚至都没当面和她说过一句话。随即我想起，上个学期他在日记里给我讲述过他的这个秘密，那时我以为我的开导见了效，没想到他竟然爱得这么坚持。同学们静静地看着他，发现他早已泪流满面，泣不成声。

❯❯ 临场应对

我愣了一下，走上去，轻轻地抱着他，安抚他，让他坐下，随即把话题引向课文《长恨歌》："都说人生长恨水长流，那怎样去爱，人生才不会留下长恨？"面对我打开天窗说爱情，学生都有些面露羞色又暗涌激动。

我不急着让学生发言，先讲了三个爱情故事，一个是谭嗣同和李闰，另一个是周恩来和邓颖超，最后一个是舒婷的《致橡树》，让学生理解爱情的真意——爱情即责任而不是囚禁感，爱情是理解对方而不是占有，爱情是祝福，要历经岁月的等待和磨砺后才值得拥有。学生眼含泪花，我找准时机，插入了当下网络上的一个热点事件——花季少女周岩因少年求爱未遂被毁容，从反面呈现了一个爱情观不健康的案例，这不是爱，这是自私的占有和伤害。

孩子们都进入情境，分享了对爱情的看法，有的谈到金岳霖为林徽因终身未娶，谨守道德底线，默默关注她却从不打扰，爱情是人生若只如初见；有的谈到林语堂和廖翠凤一根柴火将结婚证书烧掉，信守誓言，相守一生，爱情不是花前月下，而是风雨同舟、柴米油盐；有的谈到在飘着细雨的黄山，吴冠中妻子为他打伞，爱情是执子之手，与子偕老的忠诚守护。

然后，我轻轻地抱了抱那个男孩，对他，也是对全班同学说："一个处于青春期的男孩，暗恋了一个女孩，却选择默默承受痛苦，不让对方受到干扰，这种情感是不是值得我们尊重？今天他选择了面对自己的内心，说出自己对爱的歉意和诚意，那么，请把这份感情放在内心一个最安静无人打扰的地方，然后各自带着你们的责任朝未来走去。有一天，若有缘，这段回忆会成为你们最美的时光。现在，就让爱陪着你们成长，阳光如常。"

全班爆发雷鸣般的掌声。

⌄ 技巧点拨

此案例我采用的方法是引生入境法。早恋问题多是隐蔽性的，如何处理这种问题，让很多老师感到为难。当传统的说教和强硬的方式难以奏效时可以尝试此法，在创设的情境中，平等接受，以情激情，让学生自然而然地与真实的故事和人物谈话，引领学生入情入境，让学生在不知不觉间受到教化，在真善美、假丑恶的爱情故事面前，自觉规避错误和极端的做法，帮助和引导孩子端正爱情观。当心中有责，心中有戒，孩子才会认清爱的神圣和美好，也懂得怎样去爱得自尊、自爱、自强、自立。

⌄ 拓展迁移

引生入境法适用于处理学生感情上的困惑，因为青春期孩子的感情线较长，感情问题的解决不可能毕其功于一役，得不断地创设情境，慢慢地让孩子们在虚拟而真实的情境中点点滴滴地体悟，从而走出情感的迷雾，回归学习成长的正道。

这个学期我的课是选修课程，谈到爱情闺怨诗时，又恰恰发现我带的班上有谈恋爱的苗头，于是我打算利用这个时机进行爱情教育的慢慢渗透，点悟学生，做好思想上的铺垫。

我告诉学生，中学生的爱情，是憧憬而不是拥有，是分享而不是享受。喜欢与被喜欢都是一件美好的事情，在爱情上没有谁是罪人，但对的时间，才能遇到对的人，人生的不同阶段，做相应的事情，才是成熟。

然后，我发起写情书活动，让学生以"在最青春的年华，给未来的他/她写一封情书"为题，尽情抒发自己对爱情的憧憬，让学生真正抱持对爱情的神圣向往，用理性的态度"谈情说爱"，写好以后交给我保存，结婚那一刻再拿出来读给对方听。教会学生爱比堵住学生的爱更走心、更奏效。

教育感悟

青果总会走向成熟的季节，当青涩的爱情在不适当的季节萌发，家长和老师该怎么办？可以说老师是无奈的，家长是崩溃的，真是所谓"谈情色变"。如果翻开我们高中的课文来看，很多课文都毫不避讳地讲到以爱情为主题的情感，面对这种美好而永恒的情感，教师当如何引导，方能让孩子心中爱的种子不至于腐烂或变质？这就需要教师有教学的智慧。

对待早恋是青春期性教育的必修课程。大人尚且控制不好自己的感情，何况一个孩子。爱情本身没有错，错的是对待和处理的方式。家长和老师最担心的是负面后果，比如离家出走、自杀、辍学、堕胎等。早恋的创伤在今后的婚姻生活中难以修复，所以我们作为家长和老师，必须有修行和智慧去认真对待这一问题。

有时候老套的方式已经帮不了孩子，我们就要多想想孩子们有哪些诉求，我们该如何引导和帮助孩子，化堵为疏，引导孩子保护好自己，健康成长，建立正确的爱情观，这样才能让每个孩子找到正确地对待情感的方式，走好最关键的青春之路。

海南省海口实验中学　吴小清

当学生举手发言被嘲笑，怎么办？

都说"近朱者赤，近墨者黑"，一个人的成长与其所处的环境有着千丝万缕的联系。良好的环境是孩子形成正确思想和优秀人格的土壤。就拿学校教育来说，学生所处的学习环境犹如一个不断生长的磁场，小到班级，大到学校，营造良好的学习氛围尤为重要。当学生课堂发言被嘲笑时，一种不良的学习风气就悄悄蔓延。作为教师，我们该怎么办？

∨ 情景再现

一节语文课，我讲《端午的鸭蛋》。这篇文章我很喜欢，讲的时候自然很有兴致，那种小的情味、小的场景所带来的享受之情使我深深陶醉其中。在分析课文的时候，我抛出了一个问题："作者写的仅仅是端午的鸭蛋吗？"学生的思维一下子被引爆，自觉地开始讨论起来，教室中一时充满了浓烈的探究氛围。我欣慰地看着大家，心中思索着一会儿引导学生的方法。忽然，一个声音突然间响了起来："作者还写了鸭蛋络子。"话音刚落，教室里的讨论声瞬间消失，学生们纷纷把目光投向一个得意于自己回答的男生，然后哄堂大笑，鼓掌者有之，拍桌子者有之。那个男生平日一向不愿学习，今天出此"惊人之语"的确效果惊人。学生们毫无掩饰地嘲笑他，他的脸一下子红了起来，有些不知所措。怎么办？如何保护这个难得发言的男生的自尊心，又能使其他学生信服？

∨ 临场应对

我的大脑飞速运转，忽然想到了一个主意，对，借"窥斑见豹"的道理来解决这个问题。于是，我伸手示意，让学生安静下来，缓缓地说："同学们，今天老师收到了一个惊喜，一个大大的惊喜。"然后我停了下来，看学生的反应。学生们很诧异地看着我，等着我的下文，那个被嘲笑的男生也一脸困惑地看着我。我看学生的注意力都集中了过来，便继续说："有一个同学，从来不喜欢学习，不愿意读书，他曾是老师心中的一个难题，却一直没有解决。可是，今天，他读书了，思考了，并且勇敢地发言了！"说到这里，学生们似乎明白了什么，有的低下了头，有的悄悄地回头看了一眼那个刚才被嘲笑的男生。我接着说："同学们，见微而知著，窥一斑而见全豹，今天这位同学能勇敢地表达自己的思想，就是最大的进步，而这个起点将会促使他不断地成长，这难道不是最大的惊喜吗？"教室里响起了如雷的掌声，我悄悄地看了一眼那个男生，发现他的眼中满是泪水，正在偷偷擦拭。

技巧点拨

此案例我采用的方法是窥斑见豹，从一个点入手发现学生深层的思想转变，通过"点"的突破从而达到"面"的治理。这种方法，对于鼓励学生的积极性，促使学生产生新的更大的进步有着巨大的作用。运用这个技巧需要教师有一颗善感的心，一双慧眼，能够发现平常现象中值得挖掘的点，进而在春风化雨般的教育中让学生的心灵被轻轻地唤醒，达到润物无声的效果。

拓展迁移

窥斑见豹法是一种针对核心问题进行突破和解决的方法，适用于班级管理，也适用于教育教学。教育教学中，教师面临的问题往往是十分复杂的，找到核心问题的关键所在，便能达到事半功倍的效果，从而逐个突破，其难点在于对核心问题的分析与解决。另外，还得遵循孩子身心发展及教育教学规律，循序渐进地开展工作，不可急于求成。

一次，我正在讲课，忽然发现一个男生趴在桌上睡着了。我本想发火，后来冷静下来，思考对策。我想到了一个问题：是因为我的课太没有吸引力了，学生才无聊到要睡觉？想到这里，我的斗志又起，我既要想个办法完美地解决这个问题，同时让自己更清楚教学的问题所在。于是，我灵机一动，何不用演讲这个方式来应对这个问题呢？我走上讲台，拍拍手让学生安静下来，慢慢地对学生说："同学们，刚才老师发现了一个现象，引起了我的思考，我也很想听听同学们的看法，那么，我们可不可以试一试演讲这种形式呢？题目就是'课堂睡觉谁之过'，每个人都写下自己对这个问题的看法，300字左右，然后每个小组推举出一个人在全班演讲，我们来评一评哪个小组的见解最有说服力。"学生们听到要演讲，先是有点畏难，后来听到了题目，热情一下子来了，这个题目多有意思，多少学生上课昏昏欲睡，不知今夕何夕，到底是什么原因？谁的过错？学生们十分兴奋，那个睡觉的男生睁开了睡眼，得知要完成的任务后，有点不好意思，又有点跃跃欲试，我看到了他眼中的参与的愿望。我忽然觉得，这是一次多么好的演讲比赛，又是一次多么好的思想教育。

教育感悟

教育是一个良心工程，是一个用心去发掘、去体悟的细致活，服务对象是具有主观能动性的孩子。我们所面临的问题是复杂多变的，这就要求我们用敏锐的观察力、睿智的思辨力去发现问题所在，从而窥一斑而见全豹，达到事半功倍的效果。

教育的问题总会随着新时代新元素的产生而出现，墨守成规终究培养不出新型的教育教学工作者。新时代有新的机遇，同时也面临着新的挑战，愿我们在教育的道路上不断探索，不断创新，运用窥斑见豹法等应对技巧，不断创造出教育最美的境界。

贵州省黔西县第四中学　周　政

当学生因为座位问题而落泪，怎么办？

这个世界上的每个孩子都是一本书，教师就是品读这些书的人，读这些书本身并不难，但读懂却需要我们用心、用情、用力。每个孩子都头顶一片精彩的蓝天，给予孩子仰望星空的权利，那么，每个孩子或许都将是一本精彩的书！最初的心灵深处的过往片段，往往就构成了生命最本真的色彩，有些事，只是插曲，但在流淌的年华中依然保持着原有的味道与深沉的感悟。

☒ 情景再现

一个小小的座位究竟会发生怎样的故事呢？那年我担任高三文科重点班班主任，班级的座位调整是这一周前后排轮换一次，下一周左右排轮换一次。同学们对于这种轮换模式没有太多的异议，我本想就这样波澜不惊地维系着这样的操作模式，但考虑学生的综合情况后，最终还是痛下决心，决定对座位进行微调。为了营造氛围，我先用严厉的口吻总结了一下班级现阶段在纪律、卫生、学习等方面存在的优缺点，然后话锋一转，表达出我的目的是进行座位的微调。动员一结束，就让其他同学开始搬动桌椅，可是万万没有想到会遇到阻力，而这阻力竟然来自一位女生。一直乖巧懂事的一位女同学竟然当场拒绝搬动桌椅，抗拒座位的调整。当面对同学诧异的目光和我不解的眼神，她竟然旁若无人，依然稳稳地坐在自己的座位上，那一刻我愤怒了！我严厉地命令这位女同学必须服从我的安排，迫于压力，她站了起来，泪水顺着她的脸颊流下，不时地抬起双眼望向我，目光里包含了太多太多……我有些惶然。

☒ 临场应对

面对她含泪的目光，我突然意识到我错了，错在没有充分了解同学们的心理需求而盲目地行动。因此，必须承认错误，改变思路，一番绞尽脑汁后，我先从班主任的一般工作思路开始做文章：从个人利益和集体利益的角度出发，从班级的整体大局入手，阐述重新调整座位的利弊关系。大部分同学都能够理解我的良苦用心，但是我感觉她的心结还是没有解开，于是我将她单独找了出来，转换自己的角色，像哥哥一样坐下来和她敞开心扉。通过她的倾诉，我了解到为何一个小小的座位会让她这样难过落泪。我放低身姿，从内心里诚恳地向她道歉，最终她原谅了年轻鲁莽的班主任，我也同意了她不调换座位的建议。看着她开心纯真的笑脸，我如释重负。

≫ 技巧点拨

用爱润物，物会感化；用爱育人，人会感动；用爱奉献，终会收获。面对突如其来的小插曲，时刻提醒自己应该保持冷静和宽容的心态，用一颗真心去交流和感化学生。魏书生曾说"用爱的微笑面对孩子，用爱的语言激励孩子，用爱的渴望拨动孩子，用爱的细节鼓励孩子……"，一颗真心与另一颗真心的沟通或许不能改变孩子知识层面上的见解，却可以化解彼此之间的误解和怨恨，进而让彼此领悟到深存内心的美好情感。源自心灵的爱能照亮孩子的未来世界。

≫ 拓展迁移

管理教育的过程中最棘手、最头疼的问题，往往并不是一些大事，而是一些看似琐碎平常的小事，所以教师要做一个有心人，将这些小事放在显微镜下无限放大，发现显微镜下那些容易被忽视的生动的细节。作为一名教师，我不曾停下脚步，在慢慢欣赏沿途风景的同时，细心地寻找并记录着这些被忽视的事，以此来警醒自己。

班里有一位文文静静的男同学，成绩中等。在高二下学期会考的时候，他因为带错了准考证，被监考老师带出考场，楼层巡视老师找到我，让我立刻赶过去确认他的身份，当看到我的一瞬间，他的泪水夺眶而出。面对这个意外，他显得不知所措。作为他的班主任，我知道他是非常敏感和自卑的孩子。会考关乎着高考，我不敢有丝毫的大意，为了安抚、消除他的负面情绪，我把他带到旁边拍拍他的肩头，用轻松的口吻安慰他，告诉他只管考试就是了，其他的事情老师来处理。最后我目送他轻松地进入考场，我才舒了一口气。

教育感悟

　　你默默微笑着，在不经意间落下的那一滴滴泪水，打湿了我的心，虽然那时你不对我说一句话，但为了这一刻的坦诚和情感的沟通，我们彼此都已期待很久了。泰戈尔说："如果你因为错过太阳而伤心，那么你也错过了群星。"只因不想错过满天的星光，所以将自己的一种感悟，一种情怀，一种心境，细细地梳理，轻轻地低语，慢慢地记录……让彼此的心灵情感相通，一起仰望星空，寻找最美的那颗星！

　　　　　　　云南省曲靖市经济技术开发区第一中学　丁　涛

当学生挑战你的权威，怎么办？

诗意的教育会唤醒学生对生命的觉悟，会成为师生和谐交流的桥梁。面对学生挑战、质疑你的权威等突发事件，教师应该放下自己所谓的知识权威，灵活地应用教学机智，尝试着谦逊地包容学生，化尴尬为契机，循循善诱，静静地等待那些含苞的花儿绽放，方能聆听到每一朵花开的声音。

∨ 情景再现

一日教完《师说》后，一名学生拿着书来到了我的办公室，他略带着兴奋的语气说："老师，我觉得'皆通习之'的'皆通'解释成'都普遍'不合常理。我刚才查了《现代汉语词典》，'普遍'只是指多，并不包括全部。那么，'都普遍'的说法是否自相矛盾呢？难道既可以说'全部'，同时又可以说'普遍'？更何况，在韩愈那个年代，'六艺经传'是读书人参加科举考试的必修课，只是普遍的学习，是否值得公开赞扬？从全段来看，韩愈这句话无疑是肯定李蟠好学，难道会说李蟠仅仅是普遍地学习了六艺经传，而没有全部学习吗？果真如此，岂不是欲褒反贬了吗？"

∨ 临场应对

对于"李氏子蟠，年十七，好古文，六艺经传皆通习之，不拘于时，学于余"中的"通"字，课本解释为"普遍"，《教学参考书》中把"皆通习之"翻译为"都普遍学习了"。乍看，似乎讲得通，我在讲课时自然也这样讲解了。学生当时的质疑，也让我一下子愣住了，如果立刻下结论"这是胡说"，学生自然不会接受。我首先微笑着让学生坐下，然后说："啊，我这样讲好些年了，其实自己内心也有这样的疑问，感觉底气不足，正好你我所见略同，来，咱们一起探讨下。"

我告诉他："最初备课时，我也想到了这个问题，这个'通'这么解释可以吗？它是总括、总体的意思，义同'皆'。至于'皆通'则是两个副词的同义连用。'词语复用'就是指现在通常所说的同义词连用。如果这样处理的话，你觉得怎么样？"

他思考了一会儿，恍然大悟地说："哦，老师，我明白了。'皆通习之'句，是褒扬李蟠好学，当然会说他六艺经传已无所不学，'通'字显然和'皆'一样，相当于现代汉语中的'全都'。"在我肯定和赞许的目光下，他带着获得新知的满足感高兴地走了。

❯❯ 技巧点拨

此案例我主要是基于耐心倾听、教学相长的理念进行教学，子曰："当仁，不让于师。""学习"这个词不仅仅属于学生。"教"也是一种学，只有勤奋刻苦学习，包括向自己的教育对象学习，才能对教学规律有更深刻的认识。教师所需要做的，便是和学生一起成长，相互渗透，引领学生对文本进行探索，鼓励学生个性理解，大胆"创造"教学，给学生一片没有"围墙"的学习天空。但在实施过程中，也不能过于考虑迁就学生的"独特体验"，导致对文本价值取向的曲解或误解，要运用技巧巧妙鼓励学生对文本合理质疑。

❯❯ 拓展迁移

对文本的内涵可以有不同的情感体验，要承认文本的多元性，引导学生发现文本的"多元主题"。

记得讲授《琵琶行》一课时，学生们一直热烈质疑、探讨。控制学生的话语权，只怕会打消学生学习语文的热情，我急中生智，让课代表统计学生们争论的话题，原来同学们争论最激烈的是：这位《琵琶行》中的琵琶女到底有没有这个人？我把观点不同的学生分成了两个小组，规定时间，让他们自行查阅资料，然后利用一节课举行了辩论赛。

他们一方从《琵琶行》小序和诗中的"同是天涯沦落人，相逢何必曾相识"找到端倪，由此推论：琵琶女与诗人不过是萍水相逢，并非故旧。

另有学生说：唐世法纲虽比今为宽，然乐天尝居禁密，且谪宦未久，即便为长安故倡女，也必不肯乘夜入独处妇人船中。这样看来，琵琶女并不存在，琵琶女的故事也属虚构。

但另一方代表指出，琵琶女并非完全凭空想象，乐天曾有一诗，题云《夜闻歌者，时自京城谪浔阳宿于鄂州》，其词曰："邻船有歌者，发调堪愁绝。歌罢继以泣，泣声通复咽……"此诗写于谪浔阳途中，距《琵琶行》写作时间不远。由此观之，琵琶女确有其人。乐天深于诗、多于情，所遇必寄之吟咏，符合一个诗人的气质。

这一堂课，我微闭双眸，倾听学生们兴奋而热烈地争论，惊异于学生的见地，欣慰于他们个性化的发现。那一刻，我懂得了教师也要静下浮躁的心，用纯净的心灵去静静地聆听每一朵"花开"的声音。

于是，我充满激情地为本堂课做了小结："白居易在这个不眠之夜，用湿漉漉的诗句写出了用湿漉漉的眼泪浸泡的湿漉漉的心，他笔下的琵琶女，只是诗人心里寻找的精神伴侣，无论有无，至少可以让一个失意者诉说心灵之苦。"学生的脸上写满了深沉的思考。

教育感悟

师者，向来被尊以"权威"形象，然而，现在的学生普遍对自己充满自信，不盲从于权威。当我们遭遇到学生的质疑、挑战时，请不要慌张、尴尬，要敢于走下知识权威的圣坛，宽容地看待学生的求知欲。

"风流不在谈锋胜，袖手无言味最长。"倾听是一种等待，在倾听中良好沟通；倾听是一种尊重，在尊重中建立信任。我们要做一名"懂得倾听"的教师，要清楚"读书贵有疑，疑能得教益"，鼓励学生通过质疑，摆脱书本的束缚，否则就会严重打击学生参与解读文本的主动性和积极性。教师只有不囿于一己狭隘之见，与学生一起，探寻那缤纷神秘的世界，教育之花方可枝繁叶茂。

黑龙江省绥芬河市高级中学　郑宏瑞

当学生举止怪异无法融入集体，怎么办？

尤瓦尔·赫拉利的《人类简史》告诉我们，人类发展史是群体进化的过程。我们时刻面临人际交往，需要与人接触，但又如奥利维娅·莱恩在《孤独的城市》中所言："无论身处何地，你都可能感到孤单，但生活在一座城市里，被数百万人围绕着，又会催生出一种别样的孤独的滋味。"正是这难以名状的矛盾，使个体在集体中手足无措。

情景再现

三年前的金秋，我临时受命担任高一班主任。军训期间，为联络新生感情，我举办了一场别开生面的自我推介会。小峰就是在同学们热烈的掌声中走上讲台的，然而他开口的第一句话竟是："我这个人不喜欢热闹，也不需要朋友。如果没事，你们就不要跟我交流了。"他回座位时压根儿就懒得抬眼瞧底下那些面面相觑的同学。我一下子记住了他，第一印象：怪。

小峰不爱笑，还值"秋老虎"肆虐，他便穿上长衫，一袭玄色，行走从不打量四周。我发现他在衣袖底端剪开两只圆孔，恰够大拇指穿梭其中。脚下永远是那双脏破的鞋，而他母亲却在电话里诉苦，说他将买来的新鞋通通扔在一边。第二印象：酸。

多年经验告诉我，这是一个有故事的孩子。他的"离群索居"之下必有难以排遣的痛楚，他的特立独行之下必有一颗渴望接纳的心。

临场应对

在此之前，我曾和他母亲深入交流，得知他是单亲家庭，父母在他幼年时激烈地争吵，长年累月地争战不休。瞬间，我明白了他苦痛的根源，明白了他为何有这么严重的信任危机。

机不可失，于是我将小峰叫进办公室。没有单枪直入，而是跟他聊近况。

他诧异我居然观察得如此细腻，我回之以"你很有才情，沉默思考，冷静克制，高中学习需要这样的品质"。那一刻我看到他赧然的轻笑，也从那一刻他跟我打开了话匣子。他道出了自己内心的矛盾：他感到孤独，却又害怕与人交往。为此，我情绪恳切又坚定地表示，我愿意做他的第一位朋友，并且以周记为阵地，彼此坦诚交流。首战告捷！我又向他征求创办板报的意见。看他眉飞色舞、指点江山的模样，我乘胜追击请他做总监。他走出门时步履轻松，神色飞扬。自此，黑板前有了他"泼墨挥毫"的身影。

后来，我们成了笔友、信友，享受每一次心灵空间的互换。我看到了他的美术天赋，他笔下的牡丹栩栩如生。我看到了他对物理的挚爱，他的物理成绩遥遥领先……

⌄ 技巧点拨

此案例我采用的方法是情感激励法。对于小峰这样在长期"战争"中得不到关注而否定自己的孩子，严苛与教条都改变不了他。只有走进他的内心，共情理解才能帮他找到人生的阳光。

人自呱呱坠地以来，一个个的关键期影响着他的性格。而教育是有意识的以影响人的身心发展为目标的社会活动，作为教育活动的一员，我们当为渺茫的希望尽百分百的努力。

小峰的矛盾来源于他的缺爱，他的转变却源自他的被爱。同桌需要物理王子指点迷津，班级需要美术天才给予支持，朋友需要哲学大师剖析心理。强烈的被需要感让他看到了自己的价值所在，也让我们彼此明白，以情呼吁，我们才能脱离孤单。

⌄ 拓展迁移

人本主义心理学家罗杰斯认为，教育的目的在于激发学生的学习动机，发展学生的潜能，形成积极向上的自我概念和价值体系，最终使学生能够自己教育自己。而这一切都应在和谐共处中发生，这需要教育工作者不遗余力地创造温馨和谐的教育环境，因境生情，引导学生正确地交往。

子曰："有朋自远方来，不亦乐乎？"人生难得几知己，把酒言欢抵足眠。这一点夫子也同样不能免俗，否则怎会因朋友自远方来而欣喜无比呢？当我们能在人际交往中感受和谐，才能建立苏霍姆林斯基提出的"情感动力系统"。只有这样，孩子才能在成长的阵痛中彼此搀扶，共同发展。

新学期伊始，我便注意到班上另一个叫小宇的孩子。无论同学们多么激烈地讨论，他都满脸茫然和冷漠。无论课堂内容多么生动有趣，他都与周围前俯后仰的同学格格不入。似乎没有什么能打动他，吸引他。

一次阅读课，大家都坐下来安静地看书，只有他呆坐在桌前。我叫他出来，询问他的情况。他低头说："老师，你不用管我，我是一个不听话的学生。"当下心中一紧，我抓住了"不听话"的信息，心疼地问："你为什么会觉得自己不听话？""因为从小到大老师都这么说。"小宇漠然地回答。那一刻，我觉得所有的劝慰都是多余的。

此后的语文课堂，我特别关注他，只要发现他有表情呈现在脸上，就会及时给予肯定。他虽然不爱说话，但言辞却十分犀利，于是推荐他参加每月的语文角活动之"吐槽大会"。会场上他精彩的表现引来阵阵掌声，也让许多同学对他刮目相看。

⌄ 教育感悟

"唯高分"是当下教育留给我们最深刻的印象，"唯成绩"是我们评价学生的核心标准。在这样的过程中，珠玉蒙尘屡见不鲜，久而久之，便自认零落成泥。情感点染，关键在于观察中掌握孩子情感状况，明白他们的情之所需，以情动人，解"心病"，救"内疾"。

新形势下，作为教育长河中微不足道的一滴水珠，人人都当时刻警醒。时代牵引我们，学生也牵引我们。《礼记·学记》中有言："学然后知不足，教然后知困。知不足，然后能自反也；知困，然后能自强也。故曰：教学相长也。"在情中付出，在情中获理，方可不息。

安徽省宁国中学　叶婷婷

当学生自我否定，怎么办?

长久以来，我所追求的更美语文课堂是：内容博大深广、问答摇曳生姿、情怀浪漫高尚，学生最大化地濡养学识、润泽心灵、获得本领。

德国哲学家雅斯贝尔斯说过，教育的本质是一棵树摇动另一棵树，一朵云推动另一朵云，一个灵魂唤醒另一个灵魂。课堂上怎么"摇动""推动""唤醒"? 表扬鼓励，肯定事半功倍。但是依据经验，表扬鼓励需要教师的应激智慧，讲究方法，注意技巧，情理兼备，才能起到一定效果。

∨ 情景再现

学习《游山西村》这首古诗，我设计了一个主问题："山重水复疑无路，柳暗花明又一村"带给你什么样的启示? 同学们沉静思考了一会儿，纷纷举起手。我则盯上了坐在拐角的孩子，因为我比较在意"角落"，希望每个灵魂"在场"。当我叫到"陈旭"这个名字时，同学们都捂着嘴笑。接着一个个头高大，身材十分健壮的"小伙子"站了起来，我以为会有洪钟之声，但沉静了一会儿，他一直没有反应。我把问题又重复了一遍，并且鼓励他："你怎么认识，就怎么说，说错了也没有关系。"语气温柔得连自己都被感动了。可是这块"木头"，怎么敲打，都不出声，我让他坐下再想想。

∨ 临场应对

这堂课通过延伸，辐射到知识分子立地擎天的情怀，但整个过程，我都在观察这个孩子的表情，他听课专注，重点部分拿起笔记，看起来不像散漫的样子。在快下课的时候，我走到他的面前，俯下身子和蔼地问："你能把这两句话的内涵再说一遍吗? "他张了张嘴巴，拳头紧攥，好像也在给自己鼓劲，但仍吐不出来一个字，瞬间孩子额头汗津津的。旁边的孩子悄悄低笑。我继续引导："'山重水复疑无路，柳暗花明又一村'，告诉我们遇到困难了，只要坚持，就会重获新生，比如……"依然没有回声。"你能把自己的理解跟陈旭说说吗？我相信你比老师说得还好。"我吩咐刚才发笑的孩子。他们在那里嘀嘀咕咕，我则站在讲台上和其他孩子聊课，教室里热闹了起来。忽然，陈旭靠近我，不知道是不是故意的，声音压得很低很低，非常阴柔的腔调，其他孩子依然在笑。我正色道："对于别人的声音，应该尊重，帮助别人才能成就自己的优秀。"

下课后，我磨蹭着没有立刻走。陈旭拿着课本又上来了："老师，我其实不是回答不出来，五年级被提问的时候，语文老师批我，同学笑我，说我说话像女的，我吓得不敢开口了，刚才同桌说我'说话很好听'，您也鼓励我，我终于敢跟您说话了。"原来这就是"病源"，老师的苛刻使得孩子认为自己天生嗓音不正常，从而产生"低人一等"的自卑、胆怯和畏缩心理。我继续鼓励道："李白说'天生我才必有用'，教育家说'每个孩子都是一尊佛'，我看好你，今天你能走上讲台，就说明进步了、成长了，你打开自己了。"孩子欢天喜地地回到了座位。

从那以后，我给班级创造了大量发言的活动机会，比如：课前三分钟让孩子们走上讲台进行即兴演讲，玩起了古诗词的"飞花令"，每两周进行一次现场读书分享活动，甚至课堂回答也让孩子们走上讲台面对大家，从而产生仪式感，等等。现在，陈旭发言积极，班级其他同学也普遍增强了自信。

技巧点拨

自信，是成才的基石；失败，最根本的原因就是自信心的丧失。如何让自信根深于学生心灵？教师需要智慧地激励、唤醒，及时发现学生的闪光点。每个孩子都有长处，也都有一颗积极向上的心。我们要尽力帮助孩子成为自信的人，成为最好的自己。

拓展迁移

"我坐在草坪上，双手抱膝，静静地望着四周正在试着体育器材的同学，他们都在为体育考试做准备，而我内心却萎靡不振，因为我的跑步距离满分老是差八秒。八秒，一个遥不可及的梦啊，我冲过多次，总是失败。"

这是我们班一个不自信的孩子的作文，我看到后，找到体育尖子生，也是那个孩子的好朋友，让他去鼓励他，他们的对话是这样的：

"那可是八秒啊，多么长！"

"你真拼尽全力了吗？也许就差六步，多跨六步，就不遥远！你会发现，满分离你好近。"

我举出《阿甘自传》的例子给他听，这个不自信的孩子后来真的取得了满分，他在《满分，离我们并不遥远》的作文中这样描述：

"我的体内灌注了无穷力量，仿佛体育老师、老班、父母正在看着我……决心和汗水交织着，我忘了劳累，忘记了疼痛，一路挥洒，追逐那似乎遥不可及的满分……阳光穿破了乌云，特地照耀在我身上。'三分三十六秒'，当掐表的老师喊出我的成绩，啊，我成功了！"

是的，巧妙鼓励，激发斗志，让孩子享受成功的喜悦，还给社会一个自信的孩子，不让一个孩子掉队。

教育感悟

《唯一的听众》里的首席小提琴手，为了鼓励"我"练好琴，称自己是聋子，唤醒了"我"的热情，"我"获得长足进步。其实每个人的潜力都是巨大的，只要拥有自信，都能化平庸为神奇。苏霍姆林斯基说："教育的核心，就其本质来说，就在于让儿童始终体验到自己的尊严感。"带着欣赏的眼光，想方设法给予孩子鼓励，让他们获得尊严，其发展就会有无限的可能性。让我们一块努力吧！

安徽省淮南市凤台县第四中学　张　娟

当学生请求帮他改情书，怎么办？

蒙田有这样一句话："我需要三件东西：爱情、友谊和图书。然而这三者之间何其相通！炽热的爱情可以充实图书的内容，图书又是人们最忠实的朋友。"面对学生青涩的有关爱情的文字，教师要用情感指引情感，以情育人。

情景再现

曾经一名男生拿着一个精美的笔记本，忐忑地打开："老师，能帮我改改吗？"学生们经常让我看他们的小作品，而我也特别喜欢读，那些小文章语言感性情感真挚，充满对生命的热爱和对生活困惑的思考。

思念随你到远方……

我要你的玲珑双眼不离我身，让我今生能够在茫茫人海中找寻到你的身影。

窗外的雨结起冰花，一起淋过的喷泉化为盛开的玫瑰花……冰凌上是否会飘来花香？冰泉是否融化？

那是一个被他牵挂了五年的女生，男生将五年前的开始与喜悦和五年后的痛苦与放弃集于诗中。男生拥有善感的情思、细腻的文笔，喜爱模仿唯美的文字，他将最华美的词语都用在他最喜欢的女生身上。这个喜爱看名著，平时很少言语，在语文课堂上没什么存在感的男生，就这样毫不设防地将他的情结展露在我的面前。

临场应对

男生明明失恋时那么伤心，那么难过，却把情感写得繁花锦簇。我翻开了席慕蓉《一棵开花的树》，这首诗正是男生喜欢的诗作之一。他觉得正是这首诗让他感到那种爱特别美好，所以将其中的句子进行了化用。我顺着他的思路说道："你体会出的这种情感是以描述这棵树为基础的。这棵树有什么特点？"我们一起理顺了意象、意境与情感的关系后，这个男生明确了《一棵开花的树》在意象的选择上突出了树的繁茂、执著和孤独。他也感觉到他的诗意象太多，这些意象集合在一起后却无法形成一个有中心的意象群。这样的诗大家读起来会觉得景物太绚丽，情感不够深沉。

对他"无果的爱情"我给出的建议是"情感冷藏"，世界那么大，在没看看前就别"拖家带口"了。我鼓励这个"失恋"的男生继续用文字记录感情，过去的、现在的和未来的。既然情感是真挚的，那么就让它变成真挚的文字吧。

技巧点拨

此件事的处理我采用的方法是晓之以情法。这种方法需要教师遵循高中生情感发展规律，根据学生所处的情绪点，站在学生的位置传达出善意而温和的信号。教师不能居高临下地以"教育者"自居。

此种方法在处理学生创作的文章或者处理学生的情感困惑时，方式较为温和，以情换情最能打动学生。有时处理学生的问题，并不需要一味地评判出是非对错，教师可以认同学生的情感，指出其中的缺憾，以期让这种情感或者文字更为深沉。

拓展迁移

晓之以情适用于教育教学中情感的培养，教师引导学生构建积极的情感体系是教育教学中德育培养的重要组成部分。需要注意的是，在解决问题的过程中，教师需要密切观察学生状态，及时为学生扩展类似的课外文学作品，切忌一味地说教。

学生对爱情有朦胧的向往是正常的，教师有引导学生观照情感进而拥有健康的心灵的职责。我在《氓》的教学中找到了一个讨论的切入口：我运用晓之以情法，在深挖文本的同时，引申到对爱情的理解，探讨什么是我们赞许的爱情观与道德观。学生们热烈地讨论着"氓"的性格，他暴躁、易怒，能对喜欢的女子大胆追求；女子则率直、温柔，对爱情勇往直前。我让学生们讨论二人相爱的原因，阻挠二人相爱的因素，以及冲破阻碍后两个相爱的人为何最后分开了。学生讨论得很热烈。之后，我为学生们展示了爱情不同的样子。张爱玲写道："喜欢一个人，会卑微到尘埃里，然后开出花来"；舒婷说："我必须是你近旁的一株木棉，作为树的形象和你站在一起"；希腊神话中公主"美狄亚"爱上前来夺取世界之宝金羊毛的伊阿宋，当她得知伊阿宋变心后，烧毁了新娘，杀死了自己的两个孩子；莎士比亚说："爱情是……建立在共同基础上的心灵沟通"；德国有一首诗名曰《我爱你，与你无关》。学生通过比较发现爱情是一种对自己和别人的"德行"，爱情也是生活的一部分，在成功的爱情里我们生活幸福，在失败的爱情里我们要活得坚强，更要豁达。因为好的爱情观更是一种做人的生命观，人生是不可重来的，应该珍惜。

教育感悟

身为教师有时我们是比家长更能"窥探"到学生内心的人，学生不仅是孩子，他们还是一群想要证明自己的"小大人"，他们用自己的思想和行为方式来证明自己的成熟。

每一个学生都是"一本书"，教师不仅要教授一本书，还要能看懂"一本书"，看透"一本书"。此时，教师的情感关怀在教育中就显得尤为重要，教师不光是知识的传授者，更要做一位情感的导师。

教育需要情感，付出情感才能拥有信任，只有信任才能有沟通，拥有沟通才会有影响，有了影响才会有教育。文学的情感熏陶让我们的教育更温情，让学生的价值观更成熟，让我们的学生能够善待生命的每一天。

黑龙江省牡丹江市第二高级中学　颜　艳

当学生语言表达能力差，怎么办？

　　每届初一刚接班时，我们语文组都会制订一系列语文养成教育计划，目的就是让孩子们从小学到初中有一个平稳的过渡，同时，在大语文观的背景下，为学好语文打下坚实的基础。其中重要的一项就是锻炼孩子们的语言表达能力。我们主要通过晨读、诵读课、课前"美丽五分"演讲等途径锻炼孩子们的语言表达能力。

　　可是，在实际教学中，好多孩子的语言表达能力差，不会用规范的语言清晰、完整、流畅地表达自己的观点。这些问题更突出地表现在一部分男孩子身上。这时要学会用爱心激励孩子，鼓励孩子们学会表达。

❯❯ 情景再现

　　刚开学，我就注意到我们班一位男同学，他和其他孩子相比过于安静，下课很少离开自己的座位；上课时，从不主动回答问题，即便被叫到，回答问题的声音也很小。而且我还注意到一个细节，每次回答问题时，他好像都很紧张，脸涨得通红，声音里还有点颤抖。同学们也给我反映过，说他不爱说话，经常用动作回答同学们。我意识到问题的严重性。

❯❯ 临场应对

　　之前我和家长沟通过，也了解到这个孩子小学时爱玩游戏，喜欢上网，不爱和家人沟通交流，回家了除了做作业就是玩手机，很少说话。

　　正好下一节是晨读课，我要求限时背诵，全体同学起立诵读，会背了就坐下，我注意到他是第一个坐下的，于是时间一到，我第一个检查的他。声音依旧很小，我温柔地鼓励他："你背得很熟练，声音再大点好吗？"虽然第二次声音还不够响亮，但已经有了很大的进步，同学们也用热烈的掌声鼓励他。这时候，我发现他的嘴角羞涩弯起一个弧度。这一发现带给我更大的信心，于是课下找到他，问他想不想挑战一下现在的自己，在明天的课前演讲中再一次证明自己的实力。见他眼神中闪过的惊喜，我趁热打铁，表扬他在语言方面其实很有天赋，只不过需要锻炼的机会，他坚定地点点头。我先帮他选了一篇适合他演讲的文章，然后耐心地给他做一对一的指导。通过一遍遍的练习，他的表达越来越自然，声音也逐渐洪亮，甚至在情感高潮时自己加入了肢体动作。第二天的课前演讲，他闪亮登场，饱含深情的语言，抑扬顿挫的语调，流畅得体的手势，让他收获了很多的粉丝。

技巧点拨

此案例我采用的爱心激励法。情感是影响学生行为的最直接因素，俗话说"晓之以理，动之以情"，有情方能吸引人，打动人，教育人。老师应以真心打动人心，使学生时时感受到老师的重视，时时感受到老师的关爱，从而产生极大的激励效果。

此案例中，面对孩子的问题，我积极想办法教育引导孩子，让孩子一点点树立自信，在尊重中得到赏识，在关爱中得到成长，在进步中逐步树立自信，在爱心激励下取得成功！

拓展迁移

美国哈佛大学的"罗森塔尔"实验说明：只有教师主观上充分地信任学生能有所作为，才能让他们树立起"我还行"的信心。爱心激励法在教育教学中发挥着很重要的作用。它会在孩子心中播下自信的种子，从而促使他们在课堂上主动参与学习，积极地表达自己的看法，成为课堂学习的主人。

在一次我讲授公开课《背影》时，有一个环节是"爱要大声说出来"，请同学们敞开心扉，表达对父亲的爱。可以吟诵一首隽永的小诗，也可以讲一个关于父亲的故事，还可以唱一首脍炙人口的歌……以唤醒学生感悟亲情的心灵。这部分本应该是这堂课最精彩的部分，但一开始，同学们说出来的事例很枯燥，无非就是父亲替我买东西、父亲送我上医院等。直到有一个女生举手站起来，说她总是忘记父母的生日，而自己的生日父母总能记得，说着说着，眼中噙满了泪水。我记得当时教室里静极了，好像孩子们都在和心底的父亲对话。我因势利导，告诉孩子们："我的父亲说过很想听我上课，可是一直没有机会，今天，我把《背影》课堂实录作为礼物送给我的父亲，并想对他说：爸爸，我爱你！同学们能和我一起来祝福我们的父亲吗？"此时教室里掌声雷动，孩子们异口同声地说："爸爸，我爱你！"那堂课上得很成功，孩子们接下来的表现很出色，课堂积极活跃，可见老师的爱心激励有多重要！

教育感悟

受我国多年应试教育的影响，教育过分地重视任务化、使命化，却往往忽略了学生情感的表达。新课程标准实施以后，更多的是培养综合创新型人才，而不是一个个"考试机器"。如果我们教师采用爱心激励法教学，就会使同学们感到学习的成就感，学习兴趣也会大大提升。这就需要教师在教学过程中充满爱心地关怀他们，并且给予他们充分的尊重。

教师在教学中也要关注学生的心理健康成长，给予他们充分展示自我的平台，发挥他们的想象力以及发散思维。这样才会帮助学生树立自信心，发展学生自主学习的兴趣，提升他们的语言表达能力。

河北省保定市清苑区第二中学　刘雪芬

图书在版编目（CIP）数据

教师临场应对实用技巧 / 董一菲主编 . —上海：华东师范大学出版社，2020
ISBN 978 - 7 - 5760 - 0334 - 5

Ⅰ.①教 ...　Ⅱ.①董 ...　Ⅲ.①课堂教学—教学研究　Ⅳ.① G424.21

中国版本图书馆 CIP 数据核字（2020）第 059427 号

大夏书系·教育艺术

教师临场应对实用技巧

主　　编	董一菲
执行主编	车　坤　马于玲　李　萍
责任编辑	卢风保
责任校对	殷艳红　杨　坤
封面设计	百丰艺术

出版发行	华东师范大学出版社
社　　址	上海市中山北路 3663 号　邮编　200062
网　　址	www.ecnupress.com.cn
电　　话	021 - 60821666　行政传真　021 - 62572105
客服电话	021 - 62865537
邮购电话	021 - 62869887　地址　上海市中山北路 3663 号华东师范大学校内先锋路口
网　　店	http://hdsdcbs.tmall.com

印 刷 者	北京季蜂印刷有限公司
开　　本	700×1000　16 开
插　　页	1
印　　张	15
字　　数	223 千字
版　　次	2020 年 6 月第一版
印　　次	2024 年 1 月第五次
印　　数	20 101 - 21 100
书　　号	ISBN 978 - 7 - 5760 - 0334 - 5
定　　价	49.80 元

出 版 人	王　焰

（如发现本版图书有印订质量问题，请寄回本社市场部调换或电话 021-62865537 联系）